Gérer
un enfant difficile
au quotidien

Deanna Canonge

Dr Michel Lecendreux

SOLAR
EDITIONS

À mon mari Régis,
À mes parents,

À mon co-auteur Michel Lecendreux,

À mes amis Chris, Prue et Robert
Et aux deux clowns.

Deanna Canonge

À Helen,
À nos enfants Louis , Charlie et Blanche,
À mes parents,

À Deanna Canonge avec qui j'ai eu le plaisir
de travailler sur cet ouvrage,

À mes collaborateurs « au quotidien »
dans le domaine du sommeil et de l'hyperactivité,
les docteurs Éric Konofal et Samuel Cortese.

Michel Lecendreux

Sommaire

Préface

Ce livre a pour objectif de **répondre aux questions que se posent de nombreux parents démunis devant le comportement difficile de leur enfant.** Si tous les enfants peuvent se montrer difficiles en réponse à un problème donné ou à une contrainte particulière, certains adoptent **en permanence** des comportements d'opposition, de désobéissance, voire de provocation, et établissent ainsi un véritable mode relationnel. Ces comportements négatifs deviennent pour eux une façon d'être, un langage tant verbal que corporel, une attitude dont ils ne semblent ni pouvoir ni vouloir se défaire. Ainsi, s'opposer, désobéir, provoquer peut occasionner la descente aux enfers de toute une famille, générant l'incompréhension et la méfiance, alimentées par un dialogue tronqué s'exprimant par une violence verbale, et parfois physique. Les demandes de consultation de parents cherchant à savoir que faire **lorsque l'enfant désobéit systématiquement, mord, frappe, s'oppose, refuse de s'habiller ou d'aller se coucher** sont de plus en plus fréquentes.

De telles modalités de communication et d'expression reflètent un malaise, des tensions familiales ou des difficultés psychologiques ou psychiatriques chez l'enfant qui les utilise. C'est pourquoi il n'existe pas une seule façon de réagir à un comportement difficile. La meilleure solution est d'apporter une réponse personnalisée prenant en compte les dimensions psychologiques, familiales et personnelles de l'enfant, et de faire éventuellement appel à un intervenant extérieur, médiateur ou médecin.

Dans la plupart des cas, il est possible d'intervenir de façon ponctuelle dans des situations pénibles et **d'agir de telle sorte que le comportement problématique ne s'enracine pas,** en s'inspirant notamment **des conseils simples et concrets** donnés dans cet ouvrage. Des thérapies plus sophistiquées peuvent s'avérer nécessaires par la suite. Lorsqu'il y a urgence face à des attitudes potentiellement dangereuses ou que l'équilibre de chacun en dépend, il faut réagir au plus vite. Les thérapies comportementales ont comme objectif de modifier les comportements à problèmes. Tel enfant casse ses jouets, que faire ? Il ne s'agit pas alors de répondre à la question « pourquoi ? », mais à la question « comment modifier son attitude ? ». Si le « pourquoi ? » ne doit pas être éludé, aborder le « comment résoudre ? » paraît tout aussi fondamental.

Psychothérapeute américaine ayant enseigné dans la région de Chicago, Deanna Canonge met son expérience de thérapeute comportementaliste au service des parents francophones. Exerçant en France depuis peu, elle travaille avec les enfants et leurs parents à la recherche de conseils éducatifs et comportementaux. Ces techniques mal connues en France, peu valorisées, décriées parce que parfois jugées « très américaines », ont pourtant le grand avantage de tracer une ligne de conduite claire, et de rassurer l'enfant en proposant un cadre éducatif et relationnel « sécurisé ». Elles évitent les réactions démesurées, inadaptées de part et d'autre, qui enveniment la communication intrafamiliale. **Elles s'adressent à tous les parents susceptibles de rencontrer des comportements problématiques chez leur enfant.** Elles sont particulièrement adaptées aux parents d'enfants présentant des attitudes difficiles au quotidien dans le cadre de troubles particuliers comme les troubles de déficit de l'attention avec ou sans hyperactivité, les troubles oppositionnels avec provocation ou les troubles des conduites. Elles s'appliquent également **de façon préventive** chez les jeunes enfants dont les limites éducatives s'avèrent parfois trop floues ou inconstantes. En recherche de maîtrise de leur environnement, ils peuvent exercer une emprise comportementale sur les adultes et conduire à de véritables situations de tyrannie familiale.

Ce livre s'adresse aussi bien aux parents d'enfants ayant consulté en psychopathologie ou ayant l'intention de le faire qu'à ceux rencontrant des problèmes ponctuels. **Les techniques exposées sont simples et facilement applicables par tous, mais la difficulté essentielle réside dans leur maintien au jour le jour.** *Be consistent !,* expression chère à Deanna Canonge, est la clef de voûte de cet ouvrage et certainement aussi celle du succès… Être « consistant », cela implique pour les parents de se montrer cohérent dans la durée, d'anticiper, d'aller au-devant des difficultés, d'agir avant qu'elles ne s'amplifient. Alors, pourquoi pas ? *Just do it !*

Dr Michel Lecendreux

Introduction

Bien des parents sont déconcertés par le comportement de leur enfant. Après lui avoir prodigué tant d'attention, de soins et d'amour, accordé tant de leur temps et répondu si promptement à ses demandes, ils ne s'expliquent pas ce qui peut rendre si incontrôlable son comportement et si difficile leur relation. Le quotidien en est parfois profondément altéré et les bons côtés de la relation parent-enfant semblent avoir disparu au profit des tensions, contrariétés et remontrances. L'enfant qui s'oppose, refuse la loi du parent, provoque ou explose s'installe parfois durablement dans ce mode de communication dont il peut devenir compliqué de s'extraire. Ces attitudes peuvent se mettre en place dès le plus jeune âge et l'enfant tyran n'attend pas de grandir pour exercer son emprise sur son entourage.

Nous abordons dans ce livre ce qu'il est convenu d'appeler **un comportement difficile,** c'est-à-dire tout comportement clairement observable, visible, tourné vers l'autre, mettant en jeu l'enfant, ce qu'il dit, sa façon d'agir, **et susceptible de déranger, agacer ou agresser autrui.** L'enfant exprime ses émotions par un passage à l'acte qui lui permet de se décharger de tensions internes, d'influer sur son entourage et d'échanger avec ce dernier, même de façon sommaire.

Un comportement difficile peut s'installer insidieusement. Petit à petit, l'enfant demande davantage d'attention et utilise des moyens qui font pression sur ses parents. **Sommeil, alimentation, propreté sont des domaines primordiaux par lesquels les jeunes enfants peuvent provoquer l'inquiétude de leurs parents** et exercer une maîtrise certaine sur leur environnement. Refuser de se coucher, exiger la présence de l'adulte jusqu'à l'endormissement, regagner la nuit le lit des parents : ce type de comportement instaure peu à peu une situation de dépendance-exigence envers l'adulte qui nuit à la qualité de la relation. **L'enfant empiète progressivement sur le « territoire » des parents.** L'enfant tyran est parfois très jeune, il exige et réussit à obtenir de ses parents un changement radical de leur mode de vie, totalement centré sur leur progéniture. D'où la pertinence de la question de ce thérapeute qui demandait à de jeunes parents désemparés s'ils habitaient chez leur enfant…

QU'EST-CE QU'UN ENFANT DIFFICILE ?

Un enfant n'est difficile que par l'influence, généralement négative, qu'il exerce sur son environnement. De nombreux facteurs entrent en ligne de compte, mais c'est essentiellement **la faculté de l'entourage ou du milieu (familial, scolaire, social) à tolérer l'enfant et son comportement qui détermineront le degré de difficulté de celui-ci.** Certains enfants présumés difficiles dans un environnement A (leur milieu familial, par exemple) n'auront pas de problèmes majeurs dans un environnement B (chez des parents d'amis). Toutefois, il est plus souvent demandé à un enfant de s'adapter à son environnement qu'il n'est possible d'adapter ce dernier à l'enfant. **L'adaptation** est donc le critère principal qui détermine si l'enfant est difficile en regard de tel ou tel environnement. La tolérance du milieu par rapport à un comportement donné, une façon d'être, est, elle aussi, déterminante. Certains parents sauront supporter des écarts minimes à la règle sans dramatiser, alors que d'autres réagiront de façon rigide ou intransigeante, sans souplesse, prenant ainsi le risque de surajouter une difficulté ou une incompréhension à la situation première. Ces réactions – ou « réponses en retour » – peu adaptées ne sont pas sans conséquences sur l'installation et la pérennisation du comportement problématique.

Être « difficile », est-ce normal ou pathologique ?

L'enfant peut être difficile par diverses facettes de sa personnalité ou de son tempérament. **Petit mangeur, « picoreur », court dormeur, boudeur, précoce pour certaines acquisitions, en retard pour d'autres, présentant des troubles des apprentissages, une agitation excessive :** autant de gênes qui risquent de se présenter au fur et à mesure de son parcours et de son développement. **Ces difficultés peuvent survenir de manière temporaire, disparaître avec le temps,** et cela d'autant plus probablement que l'entourage aura su ne pas y fixer une attention trop grande et cristalliser sur un symptôme isolé l'attention de toute la famille.

Contrairement à « déprimé » ou « anxieux », le terme de « difficile » s'appliquant à l'enfant n'est donc **pas un diagnostic médical à part entière.**

Toutefois, dans l'esprit des psychiatres et des classifications utilisées par les professionnels de santé mentale, ce terme s'applique de façon implicite aux enfants présentant un trouble oppositionnel ou un trouble des conduites. Ces enfants ont une intelligence normale ou supérieure et sont conscients des difficultés qu'ils infligent à leur entourage, même si la volonté délibérée de nuire n'est pas établie.

Parallèlement, le comportement difficile peut survenir de façon attendue au cours du développement chez les enfants normaux, sans aucunement préjuger de leur devenir. En effet, le développement normal de l'enfant « comprend » des périodes qui peuvent être qualifiées de difficiles et qui sont, de fait, nécessaires à la construction de la personnalité de l'enfant. Dire non, s'opposer à sa mère, refuser la consigne et rencontrer une résistance est une manière pour le jeune enfant de se rassurer qu'un contenant psychologique lui est offert. Il lui permet aussi de s'affirmer et de se poser en tant qu'individu, c'est-à-dire en tant qu'individualité différenciée de la position parentale. Les parents auront donc à gérer avec beaucoup de sérénité mais aussi de précaution ces passages qu'ils pourront parfois juger déconcertants. Tel enfant charmant quelques instants auparavant pourra entrer dans une colère incontrôlable pour une frustration mineure, tenter de frapper ou de mordre, chercher à provoquer une réaction parfois vive. Ceci peut être remarqué chez les jeunes enfants vers l'âge de 2 ans et laisser l'adulte décontenancé. L'application des méthodes décrites dans ce livre peut s'appliquer avec beaucoup de pertinence à ces situations.

Problème passager ou comportement difficile ?

Combien de mères viennent chaque mois en consultation persuadées que leur nourrisson est irrémédiablement « mauvais dormeur » ou « insomniaque », établissant une comparaison avec leur mari ou leur père ? De telles croyances peuvent s'installer en postulat et retentir de façon péjorative sur l'attitude prise face au comportement de sommeil du bébé et à terme sur la conscience de l'enfant de sa capacité à dormir bien. Or, la réalité montre que si le bébé se réveille et pleure la nuit, c'est que bien souvent il n'a pas acquis l'autonomie suffisante pour se rendormir seul lors d'éveils de milieu de nuit et que ces éveils sont le plus souvent normaux car ils correspondent à la fin d'une phase de sommeil paradoxal (sommeil du rêve). **Permettre à l'enfant d'acquérir une autonomie suffisante** face à ce problème (par exemple en lui apprenant tôt à s'endormir dans son lit plutôt que dans les bras de sa mère) peut mener à une résolution particulièrement rapide et durable du problème en question, et changer la perception qu'ont les parents du sommeil de leur jeune enfant. Une grande partie du travail du médecin lors de la consultation consiste ainsi à informer et à confronter **bon nombre d'idées erronées ou fondées sur des peurs ou des désirs inconscients** à une réalité plus scientifique et à des connaissances en physiologie et en médecine comportementale.

COMMENT LA PERSONNALITÉ ET LE COMPORTEMENT DE L'ENFANT SE METTENT-ILS EN PLACE ?

Se mettre en colère, se rouler par terre, frapper, mordre, pincer, donner des coups de pied, tirer les cheveux sont des comportements difficiles clairement observables.

S'opposer, dire non, refuser de s'habiller ou de mettre son manteau pour aller à l'école, égarer volontairement ses affaires sont des comportements plus subtils et moins facilement identifiables, qui appartiennent tout aussi bien au registre de l'opposition, même passive.

Comment ces comportements se mettent-ils en place et sont-ils innés ou acquis, génétiquement déterminés ou appris ?

À quoi correspond la notion de tempérament ?

La notion de tempérament est utilisée par certains psychiatres et psychologues selon lesquels il serait à l'enfant ce que la personnalité est à l'adulte. **C'est donc un trait psychologique en devenir, qui se consolide avec le temps, mais existe dès le plus jeune âge.** L'observation des bébés nous informe d'ailleurs très tôt à cet égard, certains réagissant par la colère à des stimulations particulières, d'autres étant plus placides, plus attentifs, moins facilement irritables. De grandes fonctions physiologiques comme le sommeil ou l'alimentation peuvent aussi être considérées comme des facteurs de tempérament.

L'enfant qui s'alimente facilement, prend le sein de façon volontaire et active, découvre ensuite des aliments nouveaux sans appréhension, montre un tempérament alimentaire « facile » qui peut laisser préjuger d'une volonté et d'un plaisir à se nourrir.

Le sommeil peut aussi être considéré comme un trait de tempérament fort. La facilité qu'éprouve l'enfant à s'endormir après la tétée, sa capacité à faire tôt ses nuits, à gérer lui-même ses éveils sans systématiquement les signaler et en acceptant la séparation sont des indices qui apparaissent de façon précoce au cours du développement et qui représentent des signes cliniques importants pour le médecin.

De même, **l'attachement** aux figures parentales est un trait de tempérament majeur. La notion d'attachement signifie que le bébé s'attache à la personne qui par son accessibilité procure à l'enfant la sécurité. La figure d'attachement principale est celle qui répond le plus souvent et le plus adéquatement aux besoins d'attachement. Un attachement réussi à la figure maternelle doit par exemple permettre à l'enfant de se séparer aisément de celle-ci, sans crainte ni appréhension et en restant sûr de lui malgré l'absence temporaire de sa mère. Ainsi, certains enfants sont-ils dits **« sécures »,** capables très tôt de se distancer de leur mère ou de leur père sans appréhension, alors que d'autres, **« insécures »,** resteront dans un périmètre immédiat de sécurité, préférant renoncer à aller explorer autour d'eux.

Qu'est-ce qu'un comportement acquis ?

Observer un nourrisson acquérir de nouveaux comportements est riche d'enseignements. Il apprend de son entourage et des comportements qu'il voit se produire chez les membres de sa famille et chez les adultes ou grands enfants qui l'entourent. Porter une cuillère à la bouche, mettre une clef dans une serrure, griffonner sur une feuille de papier sont des agissements complexes appris de l'observation. Plus tard, l'enfant enrichira ses compétences en sélectionnant les comportements qui lui semblent **valorisés** par l'entourage et en renonçant ou en abandonnant progressivement ceux qui sont **découragés ou réprimandés.** Ainsi, porter les clefs à la bouche ou manger de la terre sont ressentis comme désagréables par le jeune enfant car provoquant la désapprobation des figures parentales.

Avant l'âge de 2 ans, l'enfant sera capable de répéter ou d'utiliser des comportements susceptibles **de contenter son entourage et donc de lui procurer du plaisir** ainsi qu'à lui-même. Il est plus difficile de comprendre pourquoi les enfants utilisent aussi des comportements procurant **du déplaisir** à l'entourage et aux figures les plus investies, si ce n'est pour attirer sur eux un regain d'attention et de vigilance. Certains enfants pourraient être à même de sélectionner préférentiellement ce mode de communication, soit qu'il s'agisse d'enfants peu stimulés affectivement, soit que la réponse de l'environnement aux comportements négatifs soit plus marquée que celle aux comportements positifs. On comprendra ainsi que la réponse de l'entourage à un comportement puisse en déterminer la fréquence de survenue. **Il est important de considérer que tout type d'attention portée, y compris « négative », peut être à l'origine d'une modification des comportements.**

COMMENT RÉAGIR FACE À UN ENFANT DIFFICILE ?

Que peuvent faire les parents face un enfant difficile ?

Ne pas laisser se figer un comportement difficile, ne pas l'entretenir par des réponses inadaptées et surtout ne pas l'encourager en y apportant une attention excessive, même si celle-ci est négative, par exemple réprobatrice ou punitive, est tout à fait essentiel. En effet, certains enfants font le choix de ce mode relationnel car ils s'aperçoivent très tôt que les comportements de désobéissance ou de mise en danger qu'ils adoptent suscitent davantage d'attention de leurs parents que les comportements dits « adaptés » : dire « bonjour » à la dame n'est pas forcément suivi de récompense alors que traverser la rue sans regarder ou se pencher par la fenêtre attire immédiatement réaction et sanction. Il est toujours frappant, lors de consultations, d'observer combien les enfants difficiles semblent trouver une satisfaction dans le fait de provoquer des situations conflictuelles et de s'exposer à des sanctions. L'enfant difficile paraît se complaire à rechercher sans cesse la limite qui fera que l'adulte craquera le premier en perdant le contrôle et en se laissant aller à la colère ou à l'énervement.

Les problèmes ne vont pas nécessairement disparaître quand l'enfant grandira. **La plupart du temps, les choses n'évolueront favorablement que si les problèmes sont considérés assez rapidement et si des solutions efficaces y sont apportées.** Car bien souvent, les difficultés grandissent avec l'enfant si elles n'ont pu être résolues à temps. De plus, elles peuvent favoriser l'apparition de nouveaux comportements problématiques qui se complexifient à leur tour. L'enfant qui au début pleure la nuit et peu à peu prend l'habitude du lit de ses parents ne deviendra pas plus tard comme par enchantement un dormeur paisible et confiant. Ainsi, nombreux sont les enfants qui viennent en consultation vers l'âge de 8, 9, voire 12 ou 13 ans, pour des difficultés de sommeil non résolues et ayant pris des proportions inquiétantes. **Prévenir l'installation de telles complications est donc essentiel à chaque stade du développement.** La méthode comportementale décrite dans ce guide s'applique à bon nombre de ces situations.

Que faire lors de l'apparition d'un trouble du comportement ?

Une difficulté, passagère ou persistante, un moment de mal-être, une contrariété peuvent entraîner l'apparition d'un comportement difficile que l'enfant n'avait pas présenté jusqu'alors. **Tout changement d'attitude brutal et mal compris** est à prendre au sérieux et nécessite de rechercher systématiquement une cause ou une explication à la survenue d'une telle perturbation. Celle-ci peut exprimer une souffrance, une inquiétude, voire une tristesse ou un moment dépressif.

Il est alors indispensable d'instaurer le dialogue, en dehors de toute situation de conflit, **pour tenter de comprendre ce qui perturbe l'enfant** et trouver avec lui la solution la mieux adaptée. Des victimes de violence, de maltraitance ou de racket de la part de leurs camarades en milieu scolaire ou périscolaire (rue, transports, activités sportives, etc.) peuvent longtemps garder ce secret tout en exprimant leur souffrance ou leurs angoisses sous forme d'une agressivité dirigée contre eux-mêmes ou à l'encontre d'un frère, d'une sœur ou d'un autre membre de la famille. Certains enfants peuvent manifester ainsi des souffrances psychiques dues à la séparation de leurs parents et faire preuve d'hostilité, de défiance et d'opposition à l'encontre d'un parent ou d'un beau-parent.

L'aide d'un professionnel – psychologue ou psychiatre – s'avère parfois indispensable pour aider l'enfant à exprimer son problème et ses craintes, et pour le soulager de sa souffrance. Dans ce cas, le comportement difficile est susceptible de régresser rapidement une fois la cause résolue ou le conflit exprimé par l'enfant à un tiers.

Comment savoir si ce comportement est lié à un problème d'ordre psychique ?

Si la plupart des situations de comportement difficile surviennent en dehors de maladies psychiatriques avérées, il n'en demeure pas moins que de nombreuses affections dites « psychiatriques » peuvent engendrer des troubles du comportement et donner lieu à des situations conflictuelles répétées. Il peut parfois s'agir de véritables maladies psychiatriques au pronostic réservé comme la schizophrénie, l'autisme ou des troubles sévères de l'humeur (maladie bipolaire). Mais la plupart du temps, il s'agit de troubles psychopathologiques dont le devenir est moins inquiétant, qui sont toutefois susceptibles d'altérer, provisoirement du moins, la vie de l'enfant. Sont considérés comme « psychopathologiques » les troubles psychiques autres que les affections mentales les plus graves, comme la psychose ou l'autisme. Il est entendu que les enfants présentant un comportement difficile ne sont bien évidemment pas tous porteurs de ce type de troubles. Un comportement difficile peut survenir de façon passagère chez un enfant tout à fait sain. Les enfants qui en souffrent ont des difficultés à gérer leurs émotions et à s'adapter aux situations nouvelles ou même à certaines situations de routine (prendre un repas, s'habiller, se préparer le matin…). Ainsi, **les hyperactifs ou ceux qui souffrent de troubles de l'attention** (cf. *L'Hyperactivité*, Solar, 2003) rencontrent beaucoup plus que d'autres enfants ce type de difficultés. Ce livre leur est en grande partie destiné car les troubles du comportement qu'ils présentent associent des symptômes particulièrement invalidants d'impulsivité, d'inattention et d'agitation excessive. De ce fait, ils sont répétitifs et prévisibles, et nécessitent de faire appel à des stratégies adaptées. Les règles éducatives qui fonctionnent avec les enfants supposés sans problèmes sont le plus souvent sans effets chez les enfants hyperactifs. Ainsi, ces derniers apprennent peu de leurs erreurs et sont volontiers portés à réitérer un comportement même si celui-ci est dangereux pour eux-mêmes. Rapidement désorientés et désarmés, leurs parents, après avoir « tout essayé » et oscillé entre la plus grande fermeté et un certain laxisme, finissent par gérer sans conviction et au coup par coup des situations problématiques de plus en plus complexes.

Des difficultés encore plus grandes peuvent se présenter sous la forme de troubles dits « externalisés ». Contrairement aux troubles internalisés au cours desquels l'enfant exprime sa difficulté ou sa souffrance de façon peu perceptible, intime, tournée vers lui-même, voire en se repliant sur lui-même, comme dans la dépression, le trouble externalisé est caractérisé par l'expression de symptômes tournés vers l'extérieur de l'enfant et immédiatement observables. C'est le cas du **trouble oppositionnel** (abrégé en TOP pour « trouble oppositionnel avec provocation ») ou du **trouble des conduites** (TC), qui viennent parfois compliquer un « trouble déficit de l'attention/hyperactivité » (TDAH). Les enfants qui en souffrent manifestent des comportements perturbateurs potentiellement graves.

Dans le trouble oppositionnel avec provocation, ils sont susceptibles de présenter **des comportements d'opposition, hostiles ou provocateurs.** S'y décèle une certaine intentionnalité, comme le fait d'ennuyer les autres délibérément, de nier la responsabilité de ses erreurs ou d'en accuser autrui, de se montrer méchant ou vindicatif. Dans le trouble des conduites, les comportements peuvent être **empreints d'agressivité,** caractérisés par de la brutalité, des intimidations, des bagarres, voire de la cruauté physique vis-à-vis des humains ou des animaux. Dans les cas les plus sévères, peuvent survenir des violations de la loi et de l'ordre établi, destructions de biens matériels, fraudes ou vols, fugues, école buissonnière, etc. Ces troubles peuvent débuter dans l'enfance, avant même l'âge de 10 ans, et se poursuivre lors de l'adolescence, voire à l'âge adulte.

Agir avant que ces conduites problématiques ne s'installent est donc fondamental. Si certains enfants semblent, du fait de leur personnalité, devoir évoluer inexorablement vers ce type de difficultés, nombre de troubles du comportement pourront s'améliorer voire disparaître complètement, en particulier à l'aide de certaines psychothérapies comme les thérapies comportementales. Les troubles qui s'expriment sous forme externalisée et en particulier le trouble déficit de l'attention/hyperactivité (TDAH) sont susceptibles de très bien réagir à l'application de ces techniques.

Il n'en va pas forcément de même de troubles dits « internalisés », comme l'anxiété ou la dépression, pour lesquels le vécu douloureux en rapport avec les affects ou les émotions est dirigé vers l'enfant lui-même et non vers l'extérieur. Ces troubles seront plutôt abordés à l'aide des thérapies cognitives, qui s'adressent en priorité aux pensées anxieuses ou dépressives en aidant à la prise de conscience de ces représentations et en cherchant à provoquer une critique de la part de l'enfant.

Les troubles autistiques ou les troubles dits « psychotiques » comme la schizophrénie ne seront pas abordés ici car ils ne représentent pas des indications de première intention aux thérapies cognitives ou comportementales.

CONSULTER UN SPÉCIALISTE

Quand faut-il voir un psy ?

Le psy, qu'il soit pédopsychiatre, psychiatre, psychologue ou psychothérapeute, est à même de vous aider à mieux comprendre le problème de comportement qui affecte votre enfant et à en cerner l'origine, les raisons, les facteurs qui déclenchent et entretiennent celui ci. Un regard extérieur, qui plus est de la part d'un professionnel averti, vous mettra sur la bonne voie pour tenter de résoudre cette difficulté dans la relation avec votre enfant. **Lorsqu'un problème de ce type fait irruption de manière importante dans la vie d'un enfant et de sa famille ou qu'il se pose régulièrement,** une aide extérieure s'avère souvent nécessaire.

À l'aide d'entretiens cliniques avec l'enfant et les parents, l'intervention d'un professionnel permet de répondre à plusieurs questions fondamentales **et notamment de déterminer si le trouble provient de l'enfant lui-même, de son caractère, de sa personnalité, ou plutôt d'événements extérieurs sur lesquels il a peu de prise.** L'enfant est-il perturbé, soumis à des stress, ou victime de maltraitances psychologiques ou physiques ? Souffre-t-il d'une affection psychique éventuellement passagère consécutive à un stress occasionné par un changement dans son équilibre familial, une séparation ou un deuil, ou présente-t-il un trouble psychopathologique avéré comme un trouble anxieux, dépressif ou obsessionnel-compulsif ? Le psychiatre est aussi en mesure de conseiller des examens ou des tests qui permettront de mieux comprendre le mode de fonctionnement de l'enfant, son intelligence des situations, ses capacités de gestion du stress et des émotions.

Quelques définitions de base

– **Psychiatre :** médecin spécialisé dans le traitement des maladies mentales. Il est habilité à prescrire des traitements médicamenteux et à mener des psychothérapies.

– **Pédopsychiatre :** psychiatre exerçant sa spécialité auprès des enfants et des adolescents.

– **Psychologue :** professionnel qualifié pour l'évaluation psychologique (tests de personnalité ou de QI) et pouvant pratiquer des psychothérapies.

– **Psychothérapeute :** professionnel exerçant une ou plusieurs formes de thérapies comportementales, familiales, d'inspiration analytique ou autre.

Quel psy faut-il aller voir ?

Psychiatre, psychologue, psychothérapeute, thérapeute familial sont les acteurs de santé à consulter en cas de difficultés avec un enfant présentant des troubles du comportement. Selon leur formation, leurs préférences et les symptômes présentés par l'enfant, ils proposeront **différents types de thérapies, traditionnelles ou comportementales.**

Ces dernières reposent sur une démarche concrète qui demande une participation active et volontaire de la part de l'enfant. En ce sens, elles peuvent particulièrement bien convenir aux enfants hyperactifs ou présentant des troubles du comportement. Ceux-ci supportent parfois difficilement les thérapies introspectives, nécessitant une remise en cause approfondie ou un « travail sur soi-même » important et les situations d'entretien trop figées dans lesquelles l'enfant peut se sentir bloqué à la fois au plan moteur (situation de face à face avec le thérapeute, durant laquelle l'enfant doit rester assis) et au plan de la parole. Verbaliser et mettre en mots leurs difficultés et leurs émotions représente pour ces enfants un effort supplémentaire. En revanche, **un travail sur des situations concrètes,** avec des objectifs clairement définis et des résultats tangibles, constitue une source de motivation supplémentaire pour des enfants qui aiment que « les choses bougent » et sont sensibles au changement.

Qu'est-ce que les thérapies comportementales ?

Comme leur nom l'indique, **les thérapies comportementales ont pour objectif de modifier un comportement reconnu comme gênant pour le sujet lui-même ou par son entourage et susceptible d'entraver sa vie au quotidien.** S'adressant par exemple à une personne souffrant d'une peur panique à la vue d'une araignée ou à l'idée d'utiliser un ascenseur, la thérapie comportementale aura pour but de la débarrasser de sa crainte ou de rendre celle-ci suffisamment contrôlable pour ne plus avoir à éviter la situation « anxiogène », mais au contraire l'affronter et y faire face. Pratiquées par un psychologue ou un psychiatre formé à cette technique, il s'agit le plus souvent de thérapies brèves d'une dizaine de séances, contrairement aux thérapies classiques ou d'inspiration analytique qui peuvent se poursuivre sur des mois ou des années. Ces deux types de thérapies ne sont pas contradictoires, mais ne poursuivent pas le même objectif, les unes visant à débarrasser la personne d'un symptôme perturbant sa vie quotidienne, les autres lui offrant un travail de réflexion sur elle-même et sur les origines de sa souffrance. Les séances de thérapie comportementale ont souvent pour but de définir avec les parents et/ou l'enfant quels sont les problèmes et les comportements à modifier après les avoir identifiés et en avoir déterminé les causes ou les facteurs déclenchants. D'une durée de 30 à 60 minutes, elles sont orientées sur le comportement en question — la gestion des colères, par exemple. Entre chaque séance, il est demandé aux parents et à l'enfant de pratiquer des tâches comportementales, c'est-à-dire de mettre en pratique à la maison ce qui aura été décidé avec le thérapeute. Il peut par exemple être demandé aux enfants ayant de fréquents accès de colère au sein du milieu familial de compter le nombre d'épisodes de colère par jour. **Le but à atteindre est de réduire la fréquence CHAQUE JOUR d'un épisode et de consigner les résultats par écrit avec l'aide d'un parent.** Ces exercices pourront être consignés sur un carnet et revus chaque semaine ou tous les 15 jours. Ils sont à la base de la progression et du changement car le comportement ne peut se modifier que par l'entraînement et la répétition en situation réelle et concrète.

La notion de renforcement est souvent utilisée : elle s'appuie sur le principe qu'un comportement qui est récompensé est amené à être utilisé de façon préférentielle par l'enfant et donc à se produire plus souvent (renforcement positif). Il est ainsi possible par l'apprentissage de sélectionner dans la gamme des comportements ceux qui devront apparaître de façon privilégiée. Par exemple, un enfant qui est systématiquement récompensé par une carte ou un bonbon lorsqu'il range sa chambre renouvellera plus certainement ce comportement qu'un autre, qui ne reçoit pas d'attention particulière à cette occasion. Le renforcement est positif lorsqu'une récompense est attribuée et négatif lorsque celle-ci ne se produit pas. Les enfants difficiles sont rarement récompensés de leurs comportements positifs, car ceux-ci sont noyés dans la masse des comportements problématiques et finissent par passer totalement inaperçus. Il arrive même que l'enfant ne sache plus ce qui est attendu de lui et où se situent le bien et le mal.

Ce livre est donc destiné à orienter le lecteur vers la pratique et la mise en place de ces techniques. Celles-ci reposent aussi sur un certain **bon sens,** qui peut se révéler très utile lorsqu'il est canalisé par des règles, et par une **constance** dans la pratique de la technique.

Pour que l'enfant modifie son comportement

De quoi s'agit-il au juste ? La méthode de la modification du comportement repose sur l'utilisation de procédés et de stratégies destinés **à accroître la fréquence des comportements souhaités et à réduire les comportements indésirables.** Ces stratégies recouvrent aussi bien le renforcement positif (approbations, louanges, jetons, autocollants, privilèges), destiné à accroître les « bons » comportements, que des mesures négatives (ignorer l'enfant, imposer un temps de retour au calme, retirer des privilèges), visant à réduire les comportements indésirables. Il serait illusoire de penser que le simple fait de donner un autocollant à l'enfant qui vient de ranger ses jouets ou imposer un temps de retour au calme à l'enfant qui a bousculé son petit frère résoudra le problème de façon durable. Mais l'application de ces techniques au quotidien donne des résultats à long terme : **modifier le comportement suppose de faire preuve de cohérence dans le temps.**

Les objectifs de la modification du comportement sont :

1. **Renforcer la relation parent-enfant** en améliorant la communication, la cohérence et en faisant un point régulièrement, ce qui permet d'obtenir un « feed-back », c'est-à-dire que l'enfant prenne conscience de l'impact de ses agissements sur son entourage.

2. **Réduire les conflits,** les disputes et les accrochages quotidiens.

3. **Remplacer un comportement perturbateur** ou inadéquat par une attitude plus adaptée au plan social.

N'oubliez pas que :

- **Chaque enfant est unique,** y compris au sein de la même fratrie, et les approches ne peuvent produire les mêmes résultats avec tous les enfants. Sans doute vous faudra-t-il procéder par étapes avant de déterminer la meilleure stratégie avec votre enfant.
- **Les comportements problématiques ne surgissent pas du jour au lendemain.** De la même manière, ils ne disparaîtront pas définitivement à

la première application de la méthode dès que l'enfant aura constaté que son comportement a des conséquences négatives ou positives. Pour être efficaces, les techniques de modification du comportement doivent être appliquées dans la durée et maintenues de manière conséquente.

LE COMPORTEMENT DES ADULTES

Dans les familles comptant un enfant particulièrement difficile, il n'est pas rare de voir les parents commencer par ignorer le mauvais comportement ou essayer de le faire cesser, puis donner des ordres et proférer des menaces, et recourir finalement aux châtiments corporels. Certains parents en arrivent même au point où ils sont prêts à adopter la voie de la moindre résistance et à cesser de forcer l'enfant à obéir. Avoir un enfant difficile peut facilement amener l'adulte à douter de lui et à se demander s'il est un bon parent. Résultat : chargée d'incompréhension, de ressentiment ou de colère, la relation parent-enfant est altérée. D'où la nécessité d'adopter un comportement adéquat face à l'enfant, avant que votre relation n'en pâtisse.

Examinez votre comportement

Nos actes d'adultes influencent sans aucun doute ceux de nos enfants. Il est donc possible d'intervenir sur les agissements de l'enfant en modifiant notre propre comportement et en anticipant certaines situations potentiellement difficiles.

Posez-vous les questions suivantes :

- **Suis-je suffisamment disponible pour mon enfant ?** Suis-je certain de lui consacrer suffisamment de temps seul à seul afin de lui accorder la plus grande attention tout en lui laissant la possibilité d'aborder les sujets de son choix et en l'écoutant vraiment ?
- **Suis-je en mesure de montrer à l'enfant, par mon attitude, le comportement que je voudrais qu'il adopte ?**
- **Suis-je en mesure de reconnaître chez lui les comportements positifs** (par exemple lorsqu'il range ses jouets ou lorsqu'il est aimable avec son frère ou sa sœur) et de les récompenser en lui souriant ou en le félicitant ?
- **Suis-je en mesure de lui accorder des privilèges ou d'autres récompenses lorsqu'il se conforme aux règles de la maison ?** Mon enfant

reçoit-il de l'argent de poche ou une gratification pour sa participation aux tâches ménagères ?

- **Quand il enfreint les règles du jeu ou quand il adopte un comportement inapproprié, l'enfant en subit-il les conséquences** (temps de retour au calme ou suppression de privilèges) ?

Si vous avez répondu « oui » à l'une ou à plusieurs de ces questions, c'est que ce type d'intervention fait déjà partie de votre registre relationnel et que vous utilisez, volontairement ou non, des techniques de modification du comportement. Sinon, il n'est jamais trop tard pour mettre en place ces techniques.

Adoptez un comportement approprié

Gérer ses propres réactions d'adulte est l'une des clefs du succès. Pour réussir à modifier le comportement de l'enfant, il faut d'abord savoir maîtriser le sien, c'est-à-dire :

- **Limiter les ressentiments,** bouderies, chantages, rancœur… ce qui est fait est fait.
- **Lever les réticences,** ne pas prolonger les sanctions et les menaces inutilement.
- **Gérer les difficultés au coup par coup,** mais avec cohésion et constance.
- **Maintenir une régularité dans son comportement,** sans varier en fonction des événements ou en se contredisant à propos d'une même situation.
- **Gérer, agir, pardonner, oublier ;** et encore : gérer, agir, pardonner, oublier…
- **Entendre, écouter, expliquer, s'expliquer.**
- **Récompenser, tout de suite,** immédiatement, sans attendre, sans remettre au lendemain.
- **Tenir ses promesses** de récompenses aussi bien que de réprimandes.
- **Proposer des stratégies nouvelles,** les tester au quotidien.
- **Choisir les stratégies les plus efficaces,** celles qui donnent les meilleurs résultats après les avoir testées.

- **Remettre son ouvrage chaque jour sur le métier,** sans jamais se décourager. La persévérance est de rigueur.
- **Recommencer** jusqu'à obtenir un résultat ou une ébauche d'amélioration.

Les deux exemples suivants illustrent la mauvaise utilisation de stratégies de modification du comportement. Ils illustrent le non-respect du principe de cohérence qui doit guider l'attitude des parents.

Cyril, 9 ans, et sa mère ont décidé ce qui suit : comme le garçon a toutes les peines du monde à rester en place sur sa chaise pendant le dîner, il obtiendra une récompense s'il y parvient. La mère de Cyril lui promet de faire un jeu avec lui juste après le dîner. Le premier soir, l'enfant reste bien sur sa chaise. Aussitôt après le dîner, sa mère et lui jouent à un jeu choisi par l'enfant. Même chose, le deuxième soir. Le troisième soir, Cyril reste en place pendant tout le repas. Toutefois, sa mère se dit qu'il a montré qu'il était physiquement capable de rester en place deux soirs de suite. Comme elle a autre chose à faire, elle choisit de faire l'impasse sur le jeu. **Résultat :** absence de récompense, et un petit garçon dépité qui ne comprend plus rien.

Non seulement une attitude incohérente ne favorise pas les comportements souhaités, mais elle rend aussi beaucoup plus difficile l'application de tout autre système de renforcement positif du comportement. En effet, le système de récompense ne peut être efficace que s'il est appliqué de façon chronologiquement exacte. **La récompense doit suivre l'action positive dans un laps de temps court et ne doit ni être supprimée ni remise à plus tard,** au risque de rendre l'enfant confus et incertain dans la confiance qu'il accorde au parent. L'enfant récompensé justement est sécurisé, de même que l'enfant qui reçoit une sanction qu'il comprend comme juste. Au contraire une récompense non attribuée ou une sanction non comprise peut créer une incertitude, voire une anxiété et être à l'origine d'insécurité ou de méfiance envers l'adulte.

Jonathan, 6 ans, donne des coups à sa sœur Léa, 4 ans, lorsqu'il est fatigué. Sa mère décide que, désormais, chaque fois que Jonathan s'en prendra à sa petite sœur, il sera isolé dans le couloir. La première fois que cela se produit, sa mère le contraint à effectuer un temps de retour au calme (voir p. 25). L'enfant se refuse à rester dans le couloir et court en tous sens dans l'appartement. Sa mère le tire par le bras pour le mettre dans le couloir, en vain. Après 15 minutes de tractations, elle finit par céder, décidant que le temps de retour au calme ne fonctionnera pas cette fois-ci. Elle déclare à son fils que, la prochaine fois qu'il frappera sa sœur, il verra réellement ce dont elle est capable.

La mère de Jonathan n'a pas exécuté la sanction après l'avoir décrétée. **Résultat :** l'enfant finit par se dire qu'il a bien fait d'agir ainsi et se conforte dans l'idée de la non-obéissance et du non-respect de la loi des parents.

LES MÉTHODES DE MODIFICATION DU COMPORTEMENT DE L'ENFANT

Le temps de retour au calme

C'est l'un des outils les plus efficaces dont disposent les parents pour modifier un comportement qui leur déplaît. **Il s'agit d'un temps « mort » au cours duquel rien ne se passe et qui permet à l'enfant de revenir à un état de calme physiologique et émotionnel.** Le « temps de retour au calme » a donc deux aspects : l'un répressif, qui consiste à priver l'enfant de stimulations et à l'empêcher de poursuivre l'activité dans laquelle il est engagé, l'autre bénéfique, en lui proposant une situation d'apaisement qui fera suite à un état d'énervement excessif ou de perte de contrôle.

Le temps de retour au calme est utilisé comme conséquence immédiate d'un comportement jugé inadéquat. Il est contraignant pour l'enfant car perçu comme ennuyeux. Toutefois, il lui donne la possibilité de se maîtriser et de reprendre le contrôle de lui-même. Il l'aide à sortir du cycle de colère et d'incompréhension dans lequel il risque de s'enferrer si cette possibilité ne lui est pas donnée.

Le temps de retour au calme permet aussi au parent de réorganiser son propre comportement et de modifier sa perception de la situation. En effet, à mesure que se produit l'escalade du comportement difficile chez l'enfant, les émotions négatives peuvent submerger les parents et susciter chez eux une perte de contrôle qui vient accroître l'énervement de l'enfant en générant un excès de stimulation (cris, reproches, paroles blessantes). De nombreux adultes emploient des méthodes pour se calmer, par exemple en respirant profondément, en comptant jusqu'à 10, en se concentrant sur des images apaisantes.

L'évolution du processus de colère et son inversion par le retour au calme

Les schémas ci-dessous montrent comment l'enfant peut s'enferrer dans sa colère si aucune possibilité ne lui est offerte d'en sortir, comment le parent lui-même peut se laisser piéger s'il ne se donne pas les moyens de mettre la situation à distance, et enfin comment une situation de colère peut évoluer positivement si le parent a recours au retour au calme.

◆ Schéma 1 : Comment le processus de colère évolue-t-il chez l'enfant ?

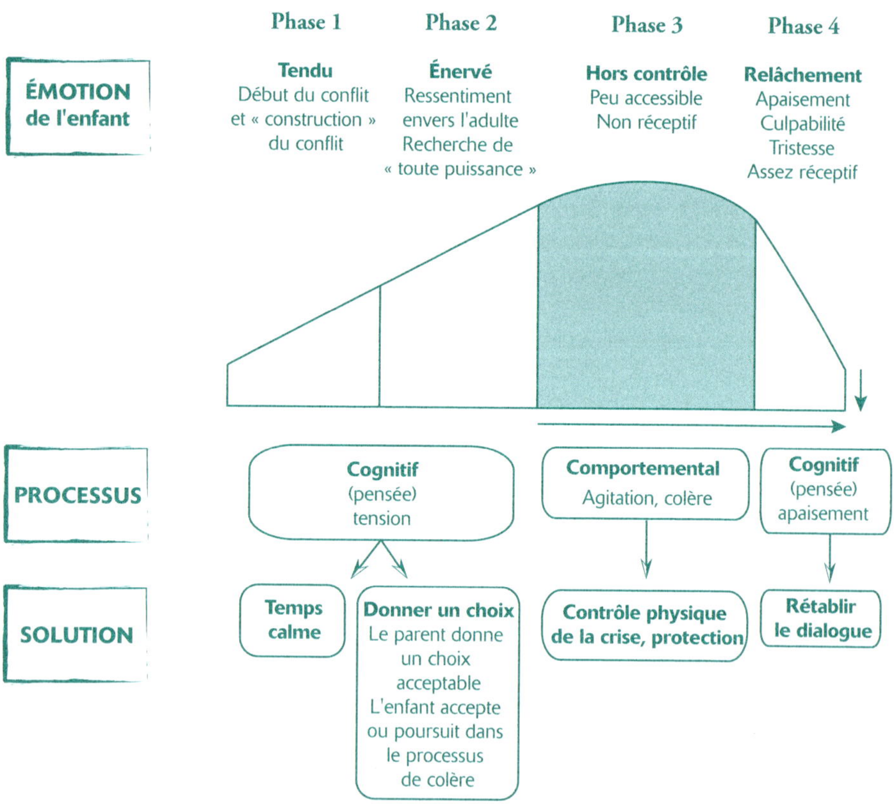

◆ Schéma 2 : Comment la réponse au processus de colère évolue-t-elle chez le parent ?

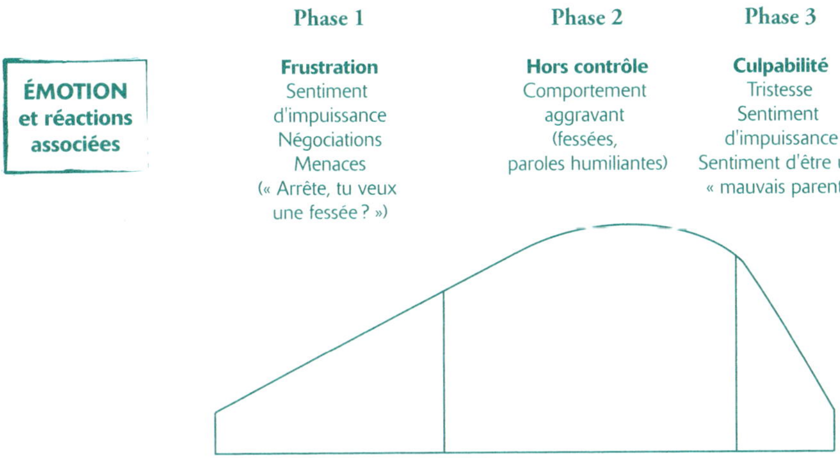

◆ Schéma 3 : Comment une modification de la réponse du parent au processus de colère peut-elle modifier en retour le comportement de l'enfant ?

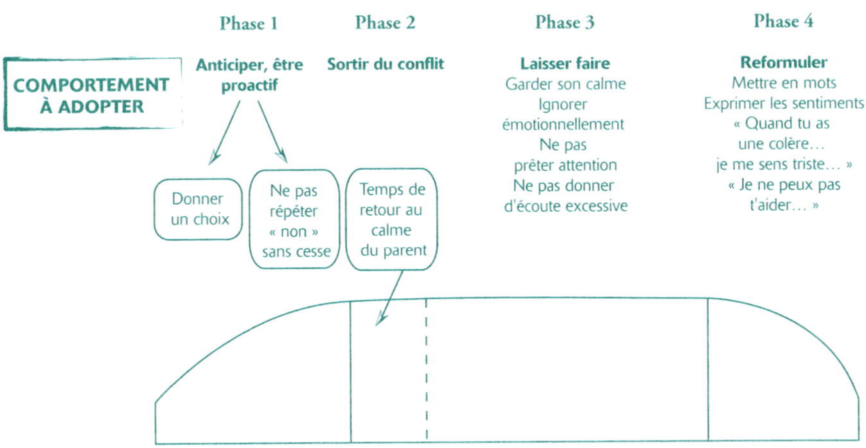

Quelques principes de base

– Avant de débuter les séances de retour au calme, **décidez dans quelles situations vous appliquerez cette technique** et de quelle façon vous procéderez.
– L'enfant tentera souvent de négocier. **Les parents doivent faire preuve de fermeté** et se montrer déterminés à appliquer le temps de retour au calme. L'enfant constate ainsi rapidement que vous ne revenez pas sur votre décision et que celle-ci est intangible.

Le retour au calme pas à pas

1. Envisagez les situations dans lesquelles vous appliquerez un temps de retour au calme.

Par exemple, lorsque :

- **l'enfant n'obéit pas** ou ne fait pas ce qui est attendu de lui ;
- **vous souhaitez lui donner la possibilité de se calmer** car son comportement se détériore ;
- **il a enfreint les règles de fonctionnement de la famille** et vous voulez qu'il soit sanctionné en conséquence.

2. Fixez les règles à respecter pendant le temps de retour au calme.

- **L'enfant ne doit ni se lever de la chaise ni quitter l'endroit affecté** au temps de retour au calme.
- **Il doit respecter un temps de silence** et ne doit pas parler, donner des coups de pied ou crier.
- Pendant la durée du temps de retour au calme, **il ne participe pas aux activités de la famille** (repas, jeux, télévision).
- Pour qu'il puisse reprendre des activités, **le temps de retour au calme doit avoir été achevé.**

3. Choisissez un emplacement particulier pour le temps de retour au calme.

L'endroit choisi est fondamental et conditionne en grande partie les chances de réussite de la technique.

- **Déterminez un endroit calme** dans une pièce ou dans un couloir. L'endroit doit être dépourvu de toute possibilité de distraction (évitez les fenêtres, livres, écrans, crayons…) et parfaitement ennuyeux, c'est-à-dire dénué de stimuli. Évitez systématiquement les lieux anxiogènes, c'est-à-dire qui risqueraient d'effrayer l'enfant (espace trop réduit, sombre, isolé du reste de la maison…).
- **L'enfant est installé sur un siège sur lequel il se sent stable (petit fauteuil, pouf…) à distance des murs** et de tout objet potentiellement intéressant pour lui.
- **Évitez d'utiliser la chambre de l'enfant,** normalement réservée au repos et au jeu, ou la salle de bains et la cuisine, potentiellement dangereuses.
- **Placez le siège à un emplacement où vous pourrez surveiller l'enfant** sans pour autant interrompre vos activités. Ceci est très important car l'enfant doit comprendre que vous ne vous arrêtez pas pour lui.

→ • **Pour des enfants de 3 à 10 ans,** mieux vaut imposer un temps de retour au calme sur une chaise ou dans un endroit situé dans votre périmètre d'action. Le parent restera à proximité pour exercer une surveillance mais pas nécessairement à portée de vue de l'enfant. Par exemple, si l'enfant effectue le temps calme, assis par terre, sur une chaise ou dans un petit fauteuil adapté à sa taille, le parent peut vaquer à ses occupations dans la pièce à côté. La « chaise » permet de symboliser le lieu du temps de retour au calme et de fixer l'enfant dans une position assise prêtant le moins possible à la distraction ou au changement de position.

• **Pour les plus âgés,** la chambre peut être utilisée, mais le risque est que l'adolescent ne conçoive pas cela comme une sanction mais plutôt comme un privilège. Une pièce dénuée d'intérêt pour l'enfant et « sécurisée » (bureau ou buanderie) peut alors être utilisée pour le retour au calme.

4. Déterminez la durée du temps de retour au calme.

La durée du temps de retour au calme est fondamentale. Elle ne doit pas se prolonger inutilement car cela risquerait de nuire à son efficacité et à son respect par les protagonistes (enfant et parents). Il faut que chaque temps de retour au calme soit parfaitement exécuté. Il est donc primordial de le délimiter clairement, avec un début et une fin facilement perceptibles par l'enfant.

La règle générale est de 1 minute de temps de retour au calme par année d'âge de l'enfant, sans excéder 10 minutes. Dans certains cas, le temps de retour au calme peut être écourté pour fixer un objectif réalisable par les enfants hyperactifs ou particulièrement impulsifs.

5. Imposez le temps de retour au calme.

Mettez toutes les chances de votre côté pour que le temps de retour au calme soit correctement appliqué. Fixez des règles précises.

- **Donnez une consigne simple et claire à l'enfant,** en accrochant son regard afin de vous assurer que vous mobilisez son attention.
- **Donnez-vous un délai** pour que la consigne soit entendue et acceptée. Comptez mentalement jusqu'à 5.
- **Si l'enfant ne se conforme pas aux instructions données, répétez-les,** tout en le prévenant qu'il devra effectuer un autre temps de retour au calme s'il ne s'exécute pas.
- **Comptez à nouveau mentalement jusqu'à 5.**
- **Si l'enfant refuse la consigne ou tente de négocier, aidez-le** en le guidant physiquement vers l'endroit où aller ou installez-le sur la chaise ; conservez une attitude calme et persuasive.
- Quand l'enfant est à l'emplacement choisi pour le temps de retour au calme, **commencez à décompter le temps** en vous aidant éventuellement d'une montre ou d'un minuteur.
- À chaque fois que l'enfant parle, crie ou quitte l'endroit où s'effectue le temps de retour au calme (ou s'il quitte la chaise), **replacez la minuterie au début.**
- **Ne disputez pas** l'enfant et évitez de lui adresser la parole si ce n'est pour lui répéter la consigne. Il pourra s'avérer nécessaire de lui rappeler que la minuterie sera remise à zéro à chaque fois qu'il enfreindra les règles en vigueur pendant le temps de retour au calme.
- **Une fois le temps de retour au calme achevé avec succès, félicitez l'enfant** et dites-lui qu'il peut reprendre ses activités.
- **Si au contraire vous n'avez pas réussi à obtenir de l'enfant qu'il exécute en entier son temps de retour au calme, même après avoir répété plusieurs fois les instructions,** le temps de retour au calme non effectué peut être consigné sur un carnet et effectué plus tard. Dans ce cas, il est essentiel de repréciser à l'enfant combien de minutes de retour au calme il lui reste à effectuer et pourquoi ; précisez-lui aussi à quel moment il devra l'effectuer. Si l'enfant n'exécute pas le retour au calme immédiatement, il sait qu'il contracte une dette auprès du parent et qu'il devra s'exécuter plus tard, car le parent doit être perçu intransigeant à ce sujet.

Un équivalent de temps calme « psychologique » est donc déjà immédiatement mis en place, alors que le temps calme « physique » sera appliqué réellement de façon différée, mais non prolongée.

• **Lorsque vous utiliserez cette méthode pour la première fois,** il est possible que vous soyez contraint de remettre la minuterie à zéro à plusieurs reprises, de sorte qu'il faudra peut-être 30 minutes au total pour seulement 5 minutes de temps de retour au calme. Tenez bon et maintenez fermement votre position. Sinon, l'enfant comprendra que vous céderez s'il continue à mal se comporter.

• **Le temps de retour au calme n'est pas exclusivement réservé à la maison,** mais peut également être pratiqué dans un lieu public ou chez des amis. Lorsqu'il est effectué en dehors de la maison, il n'est pas indispensable que ce moment de pause forcée ait la même durée qu'à l'accoutumée. Il peut être écourté de quelques minutes afin d'en faciliter la réalisation.

Quand recourir au temps de retour au calme ?

Il est conseillé de recourir au temps de retour au calme lorsqu'un conflit est engagé ou de manière à anticiper un désaccord, comme en témoignent les exemples suivants.

♦ Non-obéissance ou non-respect des consignes

Héloïse a 6 ans. Souvent, elle n'écoute pas ses parents. Dans cet exemple, il est l'heure de dîner et Héloïse n'a pas rangé ses jouets, alors qu'elle est censée le faire chaque jour avant le repas du soir.

« Héloïse, range tes jouets, s'il te plaît, c'est l'heure de dîner. »

• **La demande est formulée simplement et clairement, en regardant l'enfant dans les yeux.** Si l'enfant s'exécute, il convient de le féliciter. Si l'enfant n'écoute pas et continue à jouer, l'adulte compte silencieusement jusqu'à 5 et décide d'appliquer un temps de retour au calme ou « temps calme ».

« Héloïse, si tu ne ranges pas tes jouets, tu devras faire un temps calme. »

• Là encore, les consignes sont formulées clairement et calmement. Si l'enfant range ses jouets sur-le-champ, vous pouvez lui dire que c'est très bien, car c'est ce que vous attendez de lui et cela vous fait plaisir qu'il fasse ce qui est demandé. S'il n'écoute toujours pas et continue à jouer, **l'adulte compte encore jusqu'à 5.**

« Héloïse, s'il te plaît, va faire un temps calme. »

- À cette étape, vous espérez que l'enfant ira directement à l'endroit dédié au temps de retour au calme sans argumenter. Malheureusement, c'est souvent le moment qu'il choisit pour exécuter la consigne d'origine, celle-là même qui avait conduit à prendre la décision du temps de retour au calme. **Même s'il décide d'obéir à la première consigne, les parents doivent faire exécuter le temps de retour au calme.**

« Héloïse, je suis très content de voir que tu ranges, mais tu dois tout de même aller faire un temps calme. »

L'enfant se met à pleurer, mais l'adulte le conduit à la chaise dédiée au temps calme **et indique qu'il commence le minutage.**

- Au bout de 6 minutes passées sur la chaise dans le respect des règles, **l'enfant est félicité** par l'adulte qui lui demande d'aller terminer de ranger ses jouets et de rejoindre la famille à table.

♦ Escalade du comportement

Benjamin, 8 ans, se présente comme ayant un comportement à problèmes. Son impulsivité le rend le plus souvent incapable de se maîtriser. Dans cet exemple, il a été demandé à Benjamin de laisser Marie, sa sœur aînée, faire ses devoirs tranquillement dans sa chambre. Après que Benjamin a jeté à deux reprises des boulettes de papier dans la chambre de sa sœur, Marie hurle que son frère l'ennuie et l'empêche de se concentrer. Aussitôt, le garçon se met à crier à son tour contre sa sœur et se plaint auprès des parents que celle-ci le rejette.

Benjamin : *« Je n'ai rien fait. Ce n'est pas ma faute. D'abord, elle aurait dû fermer la porte de sa chambre. Je ne peux jamais rien faire. Vous êtes toujours en train de la défendre. »*

Benjamin se met en colère du fait de l'incompréhension dont il se sent victime.

Sa mère : *« Benjamin, nous t'avions demandé de ne pas déranger ta sœur. »*

Benjamin s'énerve : *« Je n'ai rien fait. Elle a mis de la musique et, en plus, elle ne fait même pas ses devoirs ! »*

Son père : *« Benjamin, nous allons compter jusqu'à 5. Soit tu retournes dans le salon pour jouer calmement, soit tu vas faire un temps de retour au calme. »*

Benjamin parle fort, incapable de se calmer : « *Vous êtes toujours de son côté. Vous la préférez. Je ne sais pas quoi faire. Je déteste faire des temps de retour au calme.* »

Sa mère : « *Bien. Benjamin, tu vas 5 minutes sur la chaise pour faire un temps de retour au calme.* »

Là, le père prend Benjamin par le bras et le conduit jusqu'à la chaise. Benjamin tente de négocier et promet de laisser sa sœur tranquille. Son père sait qu'il doit tenir bon et imposer le temps de retour au calme sans transiger. Après avoir hurlé contre sa sœur et ses parents, le garçon parvient à rester assis tranquillement pendant 5 minutes. Une fois le temps de retour au calme terminé, ses parents le félicitent et l'autorisent à retourner jouer dans le salon.

Dans ces deux exemples, les parents recourent au temps de retour au calme comme conséquence d'un refus d'obéir. Dans le second cas, les parents de Benjamin, habitués à ses éclats de colère, constatent qu'il y a escalade de son comportement. La mesure sanctionne le comportement excessif de l'enfant, lui donnant par la même occasion la possibilité de se maîtriser et de s'apaiser.

Le temps de retour au calme n'est donc pas uniquement une sanction et ne devrait pas être proposé comme telle. Il est aussi **une stratégie éducative** qui, en se terminant par une récompense, conforte l'enfant dans la faculté qu'il a de maîtriser son propre comportement à problèmes.

Dans les situations extrêmes

Imposer un temps de retour au calme se révèle plus difficile lorsque l'enfant est agressif physiquement, quand la colère est déclarée. Malgré tout, cela peut fonctionner et constituer la conséquence efficace d'un comportement négatif.

Dans ce cas, les parents devront modifier le déroulement du temps de retour au calme de la manière suivante :

- **Pour les jeunes enfants susceptibles de faire preuve d'agressivité,** il est conseillé à l'adulte de maintenir l'enfant sur ses genoux durant le temps de retour au calme, jusqu'à ce que celui-ci soit capable de rester assis tranquillement. Ainsi, un enfant tentant de mordre ou de frapper un adulte peut être « enveloppé physiquement », maintenu contre la poitrine de l'adulte et maîtrisé par les bras entourés autour de lui.

Il vaut mieux tenter de contenir physiquement le jeune enfant pour le calmer plutôt que de le frapper ou le mordre en retour, car ce type de comportement ne le dissuade pas de recommencer et lui montre que l'adulte aussi est capable de tels agissements.

- **Pour les enfants plus âgés,** il peut s'avérer nécessaire de « sécuriser » l'espace de temps de retour au calme. L'enfant risque d'exprimer sa rage en cassant des objets, des meubles, en tapant dans une porte ou en arrachant le papier peint ! Avant de l'envoyer dans une pièce, débarrassez-la le plus possible pour ne conserver que l'essentiel (table, lit, fauteuil...).

  Si l'enfant abîme malgré tout les meubles et objets de sa chambre, exigez un dédommagement en lui attribuant des tâches ménagères supplémentaires, en réduisant son argent de poche ou en supprimant une sortie attendue avec ses amis.

Le temps de retour au calme... pour les parents

Gérer le comportement difficile d'un enfant exige un tel déploiement d'énergie qu'il n'est pas impossible que l'adulte ait lui-même envie de s'octroyer un temps de retour au calme ! Tout comme il permet à l'enfant de se tranquilliser, ce moment de pause peut aussi aider l'adulte à prendre du recul et à respirer lorsqu'il sent monter sa colère ou son énervement.

De toute évidence, l'adulte ne pourra s'isoler si le comportement de l'enfant est devenu incontrôlable ou si la sécurité de ce dernier est compromise. Toutefois, dans certaines situations, lorsque l'enfant est pénible mais qu'il ne se met pas en danger, il est possible pour l'adulte de se retirer plutôt que d'isoler l'enfant. Le principe est le suivant : **l'adulte propose une activité à l'enfant (lire un livre, faire un dessin, jouer à un jeu tranquille) pendant qu'il s'octroie 5 à 10 minutes pour décompresser.**

Un adulte qui sent la colère monter parce que l'enfant n'arrête pas de se plaindre à lui peut dire : « *Romain, tu répètes sans cesse que tu ne sais pas quoi faire et ça commence à m'exaspérer. Tiens, voilà un livre. Va lire dans la pièce à côté. Pendant ce temps, je vais passer un moment au salon ou dans ma chambre.* » L'adulte fait comprendre à l'enfant que la colère commence à le gagner, puis il lui propose une activité avant d'expliquer qu'il s'accorde un moment de détente à l'écart de la situation de stress.

→ **Prendre soi-même un temps de retour au calme** présente un avantage supplémentaire : par ce comportement l'adulte montre l'exemple à l'enfant et insiste sur le fait que tout le monde, y compris les parents, peut avoir besoin de prendre un temps de répit pour éviter les mouvements de colère.

Les tableaux de comportement et les systèmes à points

Les tableaux de comportement et les systèmes à points s'adressent aux parents comme aux enfants. Ils permettent de visualiser les comportements à problèmes, leur fréquence et leurs conditions de survenue. Par le biais de récompenses symbolisées par le gain de points, ils motivent l'enfant à adopter des comportements positifs.

Renforcez les comportements positifs

Les enfants n'ont généralement pas à être récompensés de leur participation aux tâches ménagères et aux obligations de la vie de famille. La plupart des parents partagent ce point de vue. Toutefois, si votre enfant présente un comportement difficile, il vous sera peut-être nécessaire d'adopter une approche différente. La relation avec lui vous paraîtra rapidement frustrante et conflictuelle si vous passez votre temps à corriger et à sanctionner des comportements inappropriés. Les méthodes du tableau à gommettes et du système à points compensent cet aspect de l'éducation en insistant sur le renforcement des comportements positifs. Elles proposent aussi à l'enfant une récompense immédiate et visible qui le motive pour se conformer aux règles.

Il est absolument indispensable de faire preuve de persévérance et de continuité dans leur application. Si ces techniques peuvent paraître simples, voire simplistes au premier abord, leur efficacité est démontrée. Elles permettent de mettre l'accent sur certains actes présents dans le registre comportemental de l'enfant mais peu ou pas utilisés au sein du milieu familial en raison de possibles incompréhensions ou dysfonctionnements. En effet, certains enfants peuvent ressentir comme honteux ou dévalorisant le fait de faire plaisir ou de ne pas se confronter à l'autorité en acceptant ou en devançant le désir de leurs parents. **Trop souvent, ce sont les comportements positifs eux-mêmes qui ne sont plus perçus, ni du côté de l'enfant ni du côté des parents.** La mise en place d'un tableau de ce type permet de faire apparaître ces comportements de façon explicite.

Quelques principes de base

– **Les tableaux à gommettes conviennent bien aux jeunes enfants,** jusqu'à 7 ou 8 ans environ. Les systèmes à points ou à jetons sont mieux adaptés aux enfants plus âgés, à partir de 8 ans.

– **Pour les enfants très impulsifs** et ceux pour qui un « feed-back » donné de façon différée se révèle peu efficace, les récompenses sont d'autant plus utiles qu'elles sont immédiates et fréquentes. Beaucoup d'enfants ont du mal à attendre la fin de la journée pour les obtenir ou les visualiser.

– **Gardez à l'esprit que les objectifs fixés doivent être atteints** et que pour ce faire ils doivent être réalistes. Ne mettez pas la barre trop haut en proposant des changements radicaux que l'enfant ne saurait accomplir.

– **N'insistez pas sur des critères de comportement trop rigides,** faites preuve de souplesse et d'adaptabilité dans vos demandes.

– **Ne créez pas des conflits** qui peuvent être évités.

Le tableau à gommettes pas à pas

1. Munissez-vous d'un exemplaire vierge du « tableau de comportement » (voir page 38), de marqueurs et de gommettes autocollantes, puis installez-vous avec l'enfant dans un endroit tranquille. Expliquez-lui que vous souhaitez créer un tableau qui récompensera ses comportements positifs et ses efforts.

2. Montrez-lui le tableau et expliquez-lui que vous allez remplir ensemble les cases vierges.

3. Décidez avec lui d'un comportement devant être amélioré (comportement-cible). Le comportement-cible est celui que les différentes parties, enfant, parents et éventuellement thérapeute ont sélectionné comme pertinent et vont tenter de modifier d'un commun accord.

4. Décrivez le comportement-cible en utilisant des termes positifs, et en en donnant une définition claire et concise. Par exemple, en évitant de donner à l'enfant des consignes négatives : on préférera dire à l'enfant « Utilise ta voix calme » plutôt que « Ne crie pas dans la maison ».

5. Décidez quand ce comportement positif devra être adopté (toute la journée, après les repas, avant l'école, au coucher, etc.) et complétez la partie « Quand ».

6. Choisissez la fréquence à laquelle le comportement positif sera symbolisé sur le tableau par une gommette quand l'enfant l'aura adopté (toutes les heures, trois fois par jour, immédiatement une fois la tâche effectuée, etc.).

7. Adaptez le tableau en fonction de la fréquence choisie pour qu'il corresponde aux moments où une gommette pourra y être collée (en symbolisant les différentes heures de la journée, en ne prévoyant que trois cases si c'est trois fois par jour, une seule si c'est à la fin de la journée, etc.).

8. Choisissez avec l'enfant la récompense qu'il cherchera à obtenir en persévérant dans son comportement positif, par exemple, pouvoir regarder une cassette, choisir un plat préféré pour le dîner, avoir droit à une histoire supplémentaire. Il est crucial que l'enfant participe à ce choix pour gagner en motivation.

9. Déterminez le nombre de gommettes nécessaire chaque jour ou chaque semaine pour obtenir la récompense et le moment où celle-ci sera attribuée si l'enfant y a droit (à la fin de la journée, à la fin de la semaine, etc.).

10. Trouvez un emplacement adéquat pour le tableau, qui doit être facilement visible et accessible.

Alexandre, 7 ans, a du mal à tenir en place. Lorsqu'il est à la maison, il crie beaucoup et vocifère, ce qui incite tous les membres de sa famille à hurler à leur tour pour se faire entendre. Son père et sa mère ont décidé que les choses devaient changer. Ils sont las de hausser le ton pour que leur fils cesse de crier. Ils s'installent avec Alexandre pour lui expliquer qu'ils aimeraient le récompenser lorsqu'il parle doucement. Comme l'enfant a du mal à fixer son attention et qu'il est particulièrement impulsif, ses parents pensent préférable de le récompenser de façon fréquente. Il est admis qu'Alexandre peut gagner 1 gommette par heure s'il fait l'effort de parler calmement, sans crier. Si l'enfant ne maintient pas le comportement escompté pendant l'heure entamée, les parents lui rappelleront tout de suite la règle mais attendront la fin de l'heure pour voir si l'enfant est parvenu ou non à retrouver le calme suite à ce rappel. Le père d'Alexandre lui propose comme récompense de gagner du temps supplémentaire pour regarder une cassette vidéo ou un DVD en fin de journée. Cette idée paraît plaire à Alexandre. Ces parents lui expliquent qu'il devra obtenir au moins deux gommettes dans la journée s'il veut bénéficier de temps supplémentaire pour visionner une cassette ou un DVD. D'emblée, ***Alexandre*** décrète qu'il est capable de gagner 6 gommettes tous les jours, mais ses parents veulent s'assurer que leur fils pourra tenir l'objectif et que le premier tableau sera un succès. Par la suite, ils pourront accroître le nombre de gommettes. Ils choisissent donc de tester cette méthode pendant 5 jours (du lundi au vendredi).

Voici le tableau élaboré par la famille :

- **Comportement-cible :** Dans la maison, Alexandre parlera doucement (il ne criera pas).
- **Quand :** Tout le temps.
- **Récompense :** Alexandre gagnera 1 gommette pour chaque heure où il aura parlé calmement. S'il a obtenu au moins 2 gommettes dans la journée, il aura droit à 20 minutes supplémentaires pour regarder une cassette ou un DVD avant d'aller se coucher.

	Lundi	Mardi	Mercredi	Jeudi	Vendredi
7 h 00 - 8 h 00	☺				☺
8 h 00 - 9 h 00					
16 h 00 - 17 h 00		☺			
17 h 00 - 18 h 00					
18 h 00 - 19 h 00				☺	
19 h 00 - 20 h 00					

Le tableau présente clairement le comportement-cible, quand il doit intervenir et comment Alexandre gagnera les gommettes et la récompense.

Une autre solution, dans ce cas précis, serait qu'***Alexandre*** gagne 5 minutes de temps supplémentaire de visionnage pour chaque gommette obtenue dans la journée. Cela l'encouragerait à poursuivre le comportement positif tout au long de la journée alors qu'il pourrait y renoncer avec la première solution choisie dès que ses 2 gommettes seront acquises.

Le système à points pas à pas

Comme dans l'exemple précédent, le système à points doit être élaboré d'un commun accord par les parents et l'enfant.

1. **Choisissez trois ou quatre comportements** que vous aimeriez voir adoptés plus souvent par l'enfant, puis décidez du nombre de points correspondant à chaque tâche ou agissement.

2. **Déterminez trois ou quatre récompenses** que l'enfant aimerait obtenir et le nombre de points nécessaires pour les acquérir.

3. **Complétez les deux premières colonnes du tableau.**

4. **Décidez quand les points seront attribués** (une fois le comportement adopté ou la tâche effectuée, en fin de journée, après les repas, etc. Évitez de donner les récompenses juste avant le coucher pour ne pas « exciter » l'enfant.).

5. **Déterminez à quel moment les récompenses pourront être acquises** (tout de suite, une heure avant d'aller se coucher, etc.).

6. **Inscrivez ces informations à côté du tableau.**

- Après une semaine, **les membres de la famille se réunissent pour s'assurer que le principe du tableau fonctionne bien** et décider des changements à y apporter, si ce n'est pas le cas. L'enfant participe toujours à la discussion afin de rester motivé. En revanche, en ce qui concerne les récompenses et le nombre de points correspondants, la décision incombe aux parents seuls.
- C'est seulement après avoir utilisé le système de points positifs pendant 1 à 2 semaines, **que les parents pourront décider, si**

nécessaire et en certaines occasions, de retirer des points en cas de comportements négatifs.

Sacha, 13 ans, a du mal à effectuer les tâches qui lui sont assignées à la maison et à s'entendre avec sa jeune sœur. Dans cet exemple, le garçon et ses parents envisagent d'appliquer un système à points. Après avoir réfléchi ensemble, ils sélectionnent trois tâches ou comportements qui permettront à Sacha de se voir attribuer des points.

Les trois comportements-cibles :

1. Sacha devra faire ses devoirs en rentrant de l'école, avant d'aller jouer. **Gain :** 5 points.
2. Sacha débarrassera la table après le dîner. **Gain :** 5 points.
3. Sacha ne s'adressera pas à sa sœur en criant. **Gain :** 5 points.

De plus, il est décidé que le garçon se verra attribuer ses points immédiatement après l'exécution des deux premières tâches. En revanche, pour le comportement n° 3, ***Sacha*** recevra ses points à 20 heures, lorsque sa sœur cadette ira au lit. C'est à Sacha qu'incombe la responsabilité de mémoriser ces tâches.

Voici les récompenses choisies par le garçon et ses parents :

1. 20 minutes de jeux vidéo. **Coût :** 15 points.
2. Un jeu de société avec ses parents. **Coût :** 15 points.
3. 15 minutes de conversation téléphonique avec un ami. **Coût :** 10 points.

Après avoir rempli les zones correspondantes dans le tableau à points, les parents rappellent à ***Sacha*** qu'il peut obtenir et utiliser ses récompenses dans la même soirée à condition qu'il ne soit pas couché après 21 h 30.

Voici le tableau de Sacha complété :

Comportement-cible	**Valeur en points**	**Lundi**	**Mardi**	**Mercredi**	**Jeudi**	**Vendredi**	**Samedi**	**Dimanche**
Sacha fait ses devoirs en rentrant de l'école, avant d'aller jouer.	+ 5	+ 5						
Sacha débarrasse la table après le dîner.	+ 5	–						
Sacha parle calmement à sa sœur.	+ 5	+ 5						
Total des points de la journée	15	10						

Barème des récompenses :

Récompenses	**Coût**
• 20 minutes de jeux vidéo.	15 points
• Un jeu de société avec ses parents.	15 points
• 10 minutes de conversation téléphonique avec un ami.	10 points

Le système de gains de points et de récompenses a fonctionné pendant deux semaines. Les parents décident alors d'ajouter un second volet au tableau, pour dissuader ***Sacha*** d'adopter des comportements négatifs.

Ils inscrivent une tâche supplémentaire dans la partie permettant de gagner des points. Puis ils ajoutent deux comportements fréquents de Sacha, qui ne sont pas acceptables et lui feront perdre des points. ***Sacha,*** quant à lui, a proposé plusieurs idées de récompenses plus attrayantes.

Le tableau évolue de la façon suivante :

Comportement-cible positif/gain de points	Valeur en points	Lundi	Mardi	Mercredi	Jeudi	Vendredi	Samedi	Dimanche
Sacha fait ses devoirs en rentrant de l'école, avant d'aller jouer.	+ 5	5						
Sacha débarrasse la table après le dîner.	+ 5	5						
Sacha parle calmement à sa sœur.	+ 5	–						
Sacha range sa chambre et met son linge sale dans le panier à linge.	+ 10	10						

Comportement négatif/perte de points	Valeur en points	Lundi	Mardi	Mercredi	Jeudi	Vendredi	Samedi	Dimanche
Sacha dit des grossièretés.	- 5	–						
Sacha entre dans la chambre de sa sœur sans sa permission.	- 10	- 10						

Total de points	10	10						
Points utilisés	–	–						
Points restants	10	10						

Barème des récompenses

Récompenses	Coût
• 30 minutes de jeux vidéo.	25 points
• Aller au cinéma le samedi.	50 points
• Recevoir un supplément d'argent de poche (5 euros).	100 points
• Inviter un ami à dormir à la maison.	120 points

La résolution de conflit

Les conflits parents-enfants doivent rester rares, mais ne font pas moins partie de la réalité de toute relation familiale. Avec un enfant qui présente un comportement difficile, il est fort possible que des désaccords apparaissent à maintes reprises dans la journée, les mêmes causes produisant les mêmes effets. Ces rapports de force sont aussi épuisants que frustrants, c'est pourquoi il est important de découvrir des solutions de gestion des oppositions efficaces, permettant au parent comme à l'enfant de sortir gagnant de la confrontation.

Les approches de gestion des conflits sont destinées à résoudre les disputes quotidiennes qui donnent souvent lieu à une lutte de pouvoir entre parents et enfants. Elles comprennent la méthode du « Quand ceci…, alors cela… » et la technique de résolution des affrontements en cinq étapes expliquées ci-après.

Les causes les plus fréquentes de répétition des conflits concernent les devoirs, l'heure du coucher, la fin d'une activité répétitive (télévision ou jeu vidéo), la participation spontanée aux tâches ménagères et les préparatifs pour l'école le matin.

Lorsqu'un conflit survient entre l'enfant et vous, il y a trois issues possibles :

1. **L'enfant « gagne ».** Vous cédez, et éprouvez colère et ressentiment.
2. **Vous « gagnez ».** L'enfant cède, il éprouve colère et ressentiment.
3. **Vous « gagnez » l'un et l'autre.**

Les méthodes proposées permettent de mettre un terme à un conflit spécifique en recourant à une stratégie clairement définie impliquant communication ouverte et négociation : **chacune des parties doit être disposée à faire un pas vers l'autre, ce qui garantit qu'au terme du conflit, il n'y ait pas de « perdant ».**

La méthode du « Quand ceci…, alors cela… »

Le principe de base de cette méthode consiste simplement à interdire à l'enfant une activité distrayante tant qu'il n'a pas accompli une tâche jugée contraignante. À cette fin, les parents peuvent ainsi transformer des activités agréables auxquelles l'enfant a habituellement accès (télévision, jeux, vélo, etc.) en privilèges qui se méritent. Par exemple : *« **Quand** tu auras fini tes devoirs, **alors** tu pourras regarder la télévision. » « **Quand** tu auras sorti les poubelles, **alors** tu pourras jouer sur l'ordinateur. »*

Cette méthode, qui fonctionne avec des enfants de tout âge, s'applique aussi bien à des conflits récurrents qu'à des problèmes ponctuels. En l'appliquant, contentez-vous de dire : *« Quand tu auras fait ceci, tu pourras faire cela. »* Peut-être serez-vous tenté d'ajouter des explications supplémentaires, mais **la solution la plus efficace consiste à se limiter à une simple phrase énonçant la condition et la conséquence – pas de discussion ni de dispute.** Comme pour toute méthode de modification du comportement, les parents doivent se tenir à leur plan initial et faire preuve de cohérence dans le temps. Si l'enfant refuse de s'exécuter, dites-lui simplement : *« C'est toi qui vois »* et tournez les talons. Ne lui donnez pas accès au privilège tant qu'il n'a pas fait ce qui est demandé.

Résoudre les conflits pas à pas

Les enfants sont davantage enclins à aller à l'affrontement lorsqu'ils se sentent impuissants. La méthode de la résolution de conflit en cinq étapes permet à toutes les parties impliquées d'influer sur la situation et d'en avoir la maîtrise. Elle fait intervenir l'écoute, la communication et la validation de la solution, et donne du pouvoir à toutes les parties impliquées – autant d'éléments constituant un excellent début pour améliorer une relation endommagée.

1. Définissez le problème et cernez les besoins.

C'est l'étape la plus importante : le problème et les besoins doivent être définis clairement de manière à pouvoir être compris de tous pour que les étapes suivantes fonctionnent.

Pour définir le problème, demandez à chaque membre de la famille d'exposer clairement une difficulté spécifique.

Quelques principes de base

– **Ne laissez pas une situation s'envenimer.** La colère est mauvaise conseillère et il est judicieux pour l'enfant comme pour le parent de ne pas atteindre ce stade. Fixez-vous comme objectif d'utiliser cette méthode lorsque vous êtes calme, sachant que les conflits suscitent des réactions exagérées chez toutes les personnes impliquées.

– **Cette technique suppose une certaine disponibilité.** Consacrez suffisamment de temps et d'attention à la résolution du conflit.

– **L'enfant doit participer activement au processus.** S'il a le sentiment de contribuer à la résolution du conflit, il s'investira davantage dans sa réussite.

– **Ne soyez pas trop exigeant** d'emblée en voulant traiter trop de problèmes le jour même. Résolvez-les un à un. Il est préférable, au début, de travailler sur un conflit qui ne génère pas trop de tensions et de s'entraîner à l'application de la méthode avec un sujet relativement peu sensible.

Par exemple, concernant le rangement, le parent pourra dire : « *Je sens la colère monter en moi quand je dois répéter plus de dix fois à Anna de ranger sa chambre.* » C'est ainsi que le parent définit le problème. ***Anna,*** elle, le formule ainsi : « *Mes parents me demandent toujours de ranger ma chambre quand je suis en train de m'amuser !* » Les adultes s'assurent qu'ils ont bien compris le point de vue de l'enfant et le reformulent : « *Ainsi, Anna ce que tu nous dis, c'est que tu n'aimes pas interrompre une activité amusante pour ranger ta chambre !* »

Dans le second volet de l'étape n° 1, chacun formule son souhait.

Ainsi, les parents d'***Anna*** diront : « *Anna, ce que je voudrais, c'est que tu ranges ta chambre sans que j'aie besoin de te le rappeler plus de deux fois.* » Anna, elle, exprimera sa volonté ainsi : « *Je voudrais pouvoir finir de jouer ou de lire ma bande dessinée avant de ranger.* »

Les deux parties ont ainsi clairement défini le problème et cerné leurs besoins. Il faut alors passer à l'étape n° 2.

Yann, 10 ans, aimerait avoir le droit de jouer dehors avec ses amis après l'école. Presque tous les jours, cela occasionne des disputes avec sa mère, qui souhaiterait qu'il fasse ses devoirs après le goûter et joue une fois ceux-ci terminés.

La mère de Yann définit le problème ainsi : « *Je ne supporte plus de crier chaque jour pour que Yann rentre à la maison et accepte de faire ses devoirs.*

S'il tarde trop, il est trop fatigué pour les finir après le dîner, et cela devient une vraie corvée. »

Le point de vue de ***Yann*** est tout à fait différent : *« À l'école, je reste assis toute la journée. Quand je rentre, je voudrais pouvoir me dégourdir les jambes et penser à autre chose avant de faire mes devoirs. »*

Les deux parties résument ensuite leurs souhaits : ***Yann*** désire *« pouvoir jouer après l'école »*, ***sa mère*** tient à ce que *« Yann ait fini ses devoirs avant le dîner »*.

Yann et sa mère ont ainsi tous deux clairement exprimé leur souhait. Il reste à définir une solution acceptable par les deux parties (étape suivante).

➔ **Lorsque vous utilisez pour la première fois la méthode de résolution de conflit,** notez toutes les étapes, les souhaits et les propositions par écrit. Une fois qu'elle aura été appliquée avec succès à plusieurs reprises, vous pourrez procéder de manière moins systématique.

2. Examinez toutes les solutions possibles.

Les personnes concernées énoncent toutes les solutions qui leur passent par la tête, aussi risibles soient-elles. Rire des idées les plus farfelues peut aider chacun à se sentir plus à l'aise dans cette démarche. Si l'enfant hésite à formuler des propositions, les parents en feront plusieurs et l'encourageront à faire de même. **Il est important de ne pas critiquer les idées qu'il suggère, même si vous les désapprouvez.** Encouragez-le et amenez-le à donner le pour et le contre de chaque proposition. Essayez de rassembler le plus d'idées possible.

☺ Voici quelques-unes des idées formulées par ***Yann et sa mère.***

1. **Solution préférée par *la mère* :** faire les devoirs en rentrant de l'école.
2. **Solution préférée par *Yann* :** faire les devoirs après le dîner.
3. **Proposition de *la mère* :** faire une grande partie des devoirs après l'école, puis s'accorder une pause pour jouer. Finir les devoirs après le dîner.
4. **Proposition de *Yann* :** jouer dehors pendant 45 minutes, puis faire la plus grande partie des devoirs avant le dîner et les finir après le repas.

3. Votez pour décider.

Tous les participants doivent exprimer leur préférence en votant. **En donnant à l'enfant une voix qui compte autant que la vôtre, vous lui montrez**

qu'il n'est pas dépourvu de pouvoir. Espérons qu'une solution au moins paraisse acceptable aux deux parties. Si ce n'est pas le cas, revenez à **l'étape n° 2** et essayez de trouver d'autres possibilités. Si cela ne fonctionne toujours pas, il sera sans doute utile de revenir à **l'étape n° 1** pour redéfinir les besoins. Si les deux parties font de réels efforts pour trouver une solution, l'objectif fixé sera généralement atteint.

Yann a voté pour les solutions n°s 2 et 4, ***sa mère*** pour les solutions n°s 1 et 3. Ensuite, la mère a exprimé un suffrage supplémentaire en votant pour la solution n° 4 et Yann a donné son accord pour la tester pendant une semaine avant d'évaluer le résultat obtenu.

4. Appliquez la solution.

Une fois la solution retenue, les deux parties décident quand elle sera mise en pratique et quelles seront précisément les règles du jeu.

Chaque jour, après l'école, ***Yann et sa mère*** détermineront ensemble le temps estimé de devoirs. Selon la charge de travail, l'enfant pourra jouer entre 45 minutes et 1 heure avant de les commencer. La mère préviendra Yann 10 minutes avant la fin du temps de jeu.

5. Évaluez la solution retenue.

Une semaine plus tard, chacun donne son avis et indique, si nécessaire, les changements ou les aménagements possibles. Si chacun est satisfait de la formule, il est prévu de la réexaminer une semaine plus tard. Dans ce cas, il est même possible d'envisager la résolution d'un nouveau conflit.

Si le plan ne donne pas complète satisfaction, il faut aménager la solution en cours ou tester d'autres idées issues de **l'étape n° 2.** Dans ce cas, il est nécessaire de répéter **les étapes 3 et 4.**

Si tout se passe bien, prenez malgré tout le temps d'en parler avec l'enfant de manière informelle. Cela mettra en valeur la réussite de la résolution du conflit et la motivation des personnes impliquées.

Après une semaine, ***Yann et sa mère*** ont constaté qu'un différend les opposait lorsque celle-ci demandait à l'enfant d'arrêter de jouer pour faire ses devoirs, même si elle le prévenait 10 minutes avant. Ensemble, ils prennent la décision d'essayer la solution n° 3, avec un petit aménagement : ***Yann*** prendra son goûter puis fera ses devoirs pendant 1 demi-heure après l'école, avant d'aller jouer jusqu'au dîner. Il finira ses devoirs après le repas.

Cette nouvelle solution, testée pendant une semaine, s'est avérée dans le cas de Yann bien meilleure que la première. Grâce à ce compromis, ***Yann et sa***

mère ont, l'un et l'autre, le sentiment d'avoir « gagné » en confiance et en confort dans leur relation.

L'approche proactive

Adopter une « approche proactive » consiste à agir en anticipant des besoins, des problèmes ou des changements à venir. Avec cette définition à l'esprit, réfléchissez aux domaines dans lesquels vous êtes proactif au quotidien : vous utilisez un détecteur de fumée dans votre habitation pour vous alerter en cas d'incendie, vous consultez les prévisions météorologiques pour savoir comment vous vêtir, vous prenez des vitamines ou vous vous faites vacciner pour éviter des problèmes de santé. Voilà divers exemples d'actions proactives, c'est-à-dire effectuées aujourd'hui pour éviter des problèmes demain.

L'attitude contraire, c'est d'être réactif, de répondre de manière immédiate, généralement sans prévision préalable, à un événement — par exemple, laisser se creuser un important découvert sur son compte bancaire au lieu de prendre rendez-vous avec son banquier lorsque des difficultés de trésorerie se profilent.

Êtes-vous déjà proactif ?

Posez-vous les questions suivantes :

- **Ai-je tendance à attendre** que le comportement de mon enfant devienne incontrôlable pour intervenir ? OUI NON
- **Ai-je tendance à placer l'enfant dans une situation** dont je sais pertinemment qu'elle va provoquer une colère, avant de me fâcher lorsque le problème survient ? OUI NON
- **Ai-je tendance à ignorer les signaux envoyés par l'enfant,** comme lorsqu'il s'ennuie, s'agace, parle fort ou s'agite, et à attendre que son comportement devienne insupportable pour me mettre moi-même en colère ? OUI NON

Si vous avez répondu « oui » à l'une ou à plusieurs de ces questions, il est fort probable que vous réagissez davantage que vous n'anticipez. Trop souvent, sans même s'en rendre compte, les parents ne saisissent pas l'occasion d'intervenir à temps lorsque les problèmes se présentent. Ils attendent que la situation s'envenime et nécessite une réponse immédiate, accompagnée généralement de réactions de colère et de sanctions sévères.

Comment être proactif pas à pas

Emmener un enfant hyperactif dans des situations où il lui sera demandé de ne rien toucher, de ne pas courir, de ne pas crier est certainement s'exposer à des difficultés. Si l'enfant doit être emmené au musée, il est préférable de choisir une heure de basse fréquentation, de proposer un temps court et adapté à l'âge de l'enfant (environ 30 minutes) et de fixer un ou deux objectifs tout au plus. Pour le spectacle il convient d'éviter les représentations où l'enfant doit être assis longtemps, immobile et silencieux.

1. Observez votre enfant.

Pour mieux anticiper, apprenez à observer votre enfant. Prenez le temps de vous interroger sur ses schémas de comportement.

- **À quel moment son comportement d'opposition est-il le plus fréquent ?** Le matin quand il se lève, le soir avant d'aller au lit ?
- **Quelles situations risquent le plus de générer des problèmes de comportement ?**
- **Avec quelles personnes est-il le plus en difficulté ?** Celles qu'il ne connaît pas ou avec des membres de la famille ?
- Le degré d'énervement et/ou de ressentiment de l'enfant est-il plus élevé **lorsqu'il a une tâche spécifique à accomplir** ou pendant son temps libre ?

Réfléchissez à ces questions : vous serez surpris de constater combien ces problèmes de comportement sont prévisibles.

Identifiez les situations ou les événements spécifiques qui semblent déclencher des comportements perturbateurs. Vous remarquerez peut-être qu'à chaque fois que vous allez faire des courses au supermarché avec votre fils la lutte de pouvoir est inévitable, ou bien que votre fille devient impossible à raisonner lorsqu'elle n'a pas eu ses 8 heures de sommeil.

Tentez de mémoriser et de noter les schémas de comportement, les moments où surviennent les problèmes et les situations spécifiques qui les déclenchent. Cela vous aidera à planifier des interventions préventives.

2. Soyez vigilant aux signaux d'alerte.

Chaque enfant possède ses schémas spécifiques, personnels, d'escalade de la colère. Votre enfant peut commencer par dire : *« Non, je ne veux pas »,* puis la situation peut se transformer rapidement en crise de larmes ou de rage, avec force trépignements, hurlements, coups de poing et de pied.

Des indices non verbaux indiquent également une amplification de la crise. Certains enfants se raidissent physiquement – ils serrent les poings, se figent comme des statues. D'autres jettent un regard tellement déterminé que vous sentez qu'il sera impossible de leur faire entendre raison.

Comprendre comment s'initie et progresse le cycle du comportement de l'enfant est donc un facteur essentiel de prévention.

- **Éviter les éléments déclencheurs et les problèmes de comportement** qu'ils suscitent vous aidera à déterminer à quel moment intervenir pour enrayer une situation de crise.
- Évitez de mettre l'enfant dans des situations dans lesquelles vous savez que la probabilité de colère ou de crise est élevée. Dans cette optique, **ajustez vos exigences à ses possibilités et à son âge.** Ne lui demandez que ce que vous le savez capable de réaliser à 90 %.
- **Ne le mettez pas en situation d'échec** avant même d'avoir commencé en lui suggérant d'adopter un comportement qu'il ne maîtrise pas : ne demandez pas à l'enfant de rester à table pendant un repas de famille de 2 heures si son maximum de tenu est de 10 minutes ; autorisez qu'il se lève de table avec votre permission, puis qu'il y revienne quand vous le jugez bon ; obtenez l'agrément des adultes pour qu'il quitte définitivement la table plus tôt et puisse aller jouer sans perturber le bon déroulement du repas.
- **Récompensez l'enfant si les engagements ont été tenus.**
- **Jugez de ses progrès par rapport à lui-même** et non par rapport aux autres.
- **Valorisez les bonnes attitudes** et ne les dévalorisez pas par des conflits concernant des actes mineurs.

3. Anticipez et planifiez.

Il vous est possible **d'établir un plan d'action** destiné à anticiper et désamorcer les situations à problèmes. Pour cela, prenez en compte et appuyez-vous sur les points particuliers du comportement de votre enfant.

Les parents d'Amélie, 9 ans, ont constaté qu'à chaque fois qu'ils reçoivent des amis à dîner, la fillette adopte un comportement difficile et provoque volontairement la colère et la désapprobation de ses parents : elle sort de sa chambre à de nombreuses reprises alors qu'elle devrait être couchée, se débat pour ne pas aller au lit, boude ou frappe contre la porte de sa chambre. En général, les parents finissent par passer plus de temps avec Amélie qu'avec leurs invités.

Dans cette situation, plusieurs options sont possibles mais toutes supposent une anticipation des difficultés. ***Les parents*** peuvent renoncer à recevoir des amis, ce qui semble exagéré, ou décider qu'***Amélie*** ira dormir ce soir-là chez une amie ou chez ses grands-parents. Une autre solution consiste à inciter la fillette à adopter un comportement positif en lui proposant une activité personnalisée (regarder une cassette vidéo ou un DVD, jouer, lire ou dessiner, par exemple). Les parents lui expliquent qu'ils passeront la voir brièvement dans sa chambre toutes les 10 à 15 minutes pour s'assurer que tout se passe bien.

Quelle que soit la solution retenue, ***les parents d'Amélie*** adoptent une attitude proactive, en anticipant et en planifiant.

4. Préparez les changements et les transitions.

L'état des lieux que vous avez dressé des comportements à problèmes peut mettre en évidence des constats tels que : *« Il ne supporte pas bien les changements ou les transitions »* ou *« Elle ne tient pas en place dès que nous allons quelque part »*. Les changements d'emploi du temps ou les transitions d'une situation à une autre ou d'un lieu à un autre sont particulièrement difficiles pour les enfants hyperactifs ou qui manifestent d'autres problèmes de comportement.

L'une des approches proactives les plus efficaces consiste à préparer l'enfant à la nouveauté et au changement. La préparation ne se limite pas à des explications sur l'endroit où vous allez et ce qui va s'y passer. Il vous faudra aussi formuler précisément vos attentes en termes de comportement. **Des informations précises, répondant aux questions « qui », « quoi », « quand » et « où »,** aident l'enfant à se préparer mentalement au changement et à réduire son niveau de stress.

Voici un exemple de discussion entre une mère et son enfant, ***Benoît, 7 ans,*** destinée à préparer un rendez-vous chez le médecin.

La mère : *« Benoît, souviens-toi que nous allons chez le Dr G. demain. Tu sais, c'est celui qui a un dinosaure en peluche dans son cabinet. La dernière fois, il t'a félicité parce que tu l'avais bien écouté. Tu te souviens qu'il est très important que tu sois sage et que tu écoutes le Dr G. Je serai très fière de toi si ça se passe bien et nous irons prendre une glace en sortant. »*

5. Brisez le cycle du comportement négatif.

Les parents gagnent à adopter une démarche proactive en interrompant le cycle de comportement négatif de l'enfant avant que la situation ne dégénère, passant de la simple contrariété à la colère franche. C'est l'objectif recherché lors du temps de retour au calme (voir p. 25). **Vous pouvez aussi essayer de détourner l'attention de l'enfant de la situation en cours pour l'orienter vers un comportement ou une activité plus ludique et permettant de faire diversion.** Ainsi, certains parents préfèrent négocier un compromis avec l'enfant au début d'un cycle négatif plutôt que de gérer un véritable conflit ultérieurement. N'oubliez pas que l'objectif est ici d'intervenir pour empêcher une crise plus grave.

L'enfant s'agace parce que vous lui refusez un troisième bonbon d'affilée et vous savez qu'il peut faire une vraie colère que vous aimeriez éviter dans le magasin. Plutôt que d'entrer en conflit ou tenter de le raisonner en lui disant qu'il risque d'avoir mal au ventre, faites en sorte d'attirer son attention sur un autre objectif qui deviendra alors objectif principal, par exemple observer un chien qui passe dans la rue, reprendre son doudou ou sa tétine, regarder les images d'un prospectus… Ce principe revient à rediriger l'attention.

6. Utilisez des codes.

Vous pouvez également mettre au point avec l'enfant certains signes ou codes indiquant que son comportement risque rapidement d'atteindre un niveau inacceptable. **Souvent, il n'est pas conscient de son attitude,** surtout s'il est impulsif et agit ou réagit sans réfléchir. Certains parents lèvent un doigt, puis deux, et enfin trois. Lorsqu'ils arrivent à trois, c'est le signe indiquant que l'enfant doit effectuer un temps de retour au calme. D'autres préfèrent recourir à un mot clé servant de code, surtout lorsque la situation se présente en dehors de la maison.

Maëlle et ses parents ont décidé que, dès que la fillette devient trop bruyante et turbulente, ses parents lui indiqueront de se calmer en pointant l'index. Ce signe convenu entre eux signifie que ***Maëlle*** doit arrêter et se calmer aussitôt. Si elle n'y parvient pas, ***ses parents*** posent une main sur son épaule et lui glissent à l'oreille un mot code convenu entre eux, comme « Pénélope » (le nom de la poupée de Maëlle). La fillette ne doit effectuer ensuite un temps de retour au calme que si elle n'a pas réussi à se maîtriser.

L'utilisation d'un geste, puis d'un mot clé, permet d'éviter les réprimandes incessantes, ce qui est un soulagement pour Maëlle comme pour ses parents. Cette méthode comporte également un plan de remplacement (le temps de retour au calme) si le signe de la main et le mot clé ne suffisent pas.

7. Laissez des choix et des portes de sortie.

Lorsqu'un enfant sent qu'il ne pourra pas trouver une porte de sortie honorable, il risque de réagir violemment. Avant que les choses n'en arrivent là, mieux vaut lui proposer différentes possibilités. Cela ne signifie pas qu'il faille tolérer des comportements inacceptables, mais cela donne à l'enfant une certaine maîtrise de la situation. Envisagez cette approche comme une porte de sortie que vous lui offrez – ce qui est particulièrement efficace avec les enfants présentant un comportement d'opposition.

Imaginons que ***Paul*** joue au ballon dans la maison, ce qui est interdit. Au lieu de crier : *« Paul, arrête immédiatement de jouer avec ce ballon ! »*, ***son père*** lui dit : *« Paul, tu peux aller jouer dans le jardin avec le ballon maintenant, ou bien tu me le donnes : je te le rendrai quand tu seras prêt à aller jouer dehors. »*

Un autre exemple pourrait impliquer un enfant très énervé ou trop stimulé et devant retrouver son calme.

Ariane joue bruyamment dans tout l'appartement. Elle court et renverse une lampe. Les parents d'Ariane peuvent lui dire : *« Ariane, tu peux aller dans ta chambre pour jouer calmement quelques minutes, ou bien tu peux venir t'asseoir un moment à côté de moi. »*

Dans ces deux exemples, l'adulte a évité l'écueil consistant à retirer tout choix à l'enfant – le plus sûr moyen d'engager une lutte de pouvoir. Les parents ont proposé deux possibilités, laissant l'enfant prendre la décision tout en obtenant le résultat final escompté.

Ne laissez jamais un petit problème de comportement prendre de l'ampleur. Donnez à l'enfant la possibilité de garder son calme.

STRATÉGIES COMPLÉMENTAIRES

Bien que les méthodes décrites ci-dessus aient démontré leur efficacité dans les contextes les plus divers, certaines techniques peuvent les remplacer ou les compléter.

Ignorez les comportements inacceptables

De même que les comportements difficiles peuvent prendre diverses formes, les mesures disciplinaires recouvrent, elles aussi, un éventail très vaste. **Avant de recourir aux sanctions plus sévères, mieux vaut essayer d'abord les mesures les moins punitives.** Pour un comportement exaspérant mais non dangereux, ignorer l'enfant constitue une ébauche de solution.

Beaucoup de parents n'ont pas conscience qu'en grondant l'enfant ou en criant, **ils lui accordent malgré tout une forme d'attention.** En l'ignorant, vous pouvez modifier son comportement. Ne le regardez pas, ne lui parlez pas et n'utilisez pas non plus de langage corporel jusqu'à ce que l'attitude inappropriée cesse.

Lorsque l'enfant affiche un comportement inacceptable, comme jeter ou casser intentionnellement un objet, dégrader sa chambre, **faites votre possible pour l'ignorer.** Réagissez le moins possible à ses actes, ne portez pas d'attention excessive, ne dramatisez pas car l'enfant aurait conscience d'exercer sur vous un contrôle excessif. Dans certaines situations toutefois, il n'est pas possible d'ignorer complètement l'enfant – notamment si ses actes risquent de nuire à un tiers ou à lui-même. Si par exemple, l'enfant agresse ses frères et sœurs ou se met lui-même en danger, il vous faudra intervenir immédiatement pour assurer la sécurité de chacun.

- **Restez cohérent.** Si vous ignorez une fois en vous intéressant à lui la fois suivante, vous risquez d'intensifier son comportement.
- **Dès que ses agissements cessent, prêtez-lui attention.** L'indifférence doit toujours laisser la place au soutien et à l'encouragement d'un comportement positif.

- **Ignorer un enfant est difficile.** Il est possible qu'il redouble d'ardeur ou essaie un autre comportement, tout aussi irritant, pour susciter une réaction. Tenez bon.

Il se peut que d'autres membres de la famille continuent à réagir au comportement inacceptable, ce qui le renforcera. Si les proches de l'enfant n'utilisent pas tous la même méthode, son succès sera limité.

Les punitions

Une grande partie de cet ouvrage est consacrée aux méthodes permettant de modifier et de gérer le comportement de l'enfant en recourant au renforcement positif, aux encouragements et aux mesures proactives. **Il n'en reste pas moins que, dans certains cas, la punition s'impose.** Voici quelques principes de base à garder présents à l'esprit lorsque vous y recourrez, que la sanction prenne la forme d'un temps de retour au calme, de la suppression de privilèges ou d'une interdiction de sortie.

Immédiateté

La punition doit être infligée sur-le-champ. L'objectif étant de décourager l'enfant de renouveler le comportement négatif, il doit associer ses actes à leur conséquence, qu'il s'agisse d'un temps de retour au calme ou de la suppression d'un privilège. Les punitions décrétées après coup sont beaucoup moins efficaces.

Court terme

Lorsque l'enfant enfreint une règle, la première réaction du parent peut être de le punir en supprimant un privilège, par exemple en le privant pendant un mois de jeu vidéo. Bien que cette démarche puisse avoir un sens en interdisant l'accès à une activité agréable, elle perd totalement son efficacité du fait de sa durée. **L'enfant a besoin de se rappeler pourquoi il est puni.** En outre, il se dit : *« À quoi bon respecter les règles puisque, de toute façon, je n'ai pas le droit d'utiliser mon jeu vidéo pendant un mois. »* Au risque de décourager l'enfant s'ajoute celui que le parent soit amené à cumuler plusieurs punitions sans pouvoir les tenir. **Les sanctions sur une courte durée (1 ou 2 jours) sont nettement plus efficaces.**

Lien avec le problème

La punition doit avoir un sens pour l'enfant. Par exemple, s'il n'a pas rangé sa trottinette, mieux vaut décréter une interdiction de jouer avec celle-ci pendant une journée plutôt que d'imposer un temps de retour au calme ou d'envoyer l'enfant se coucher plus tôt que d'habitude.

Clarté

Pour dissuader l'enfant de reproduire un comportement inacceptable, vous devez lui faire comprendre très clairement que tel comportement entraîne telle conséquence, ceci afin qu'il ne soit pas tenté d'inverser l'ordre des événements — ma mère était en colère, donc elle me prive de sortie. **Utilisez des explications claires et concises,** par exemple : « *Comme tu n'as pas éteint la télévision à l'heure convenue, tu n'auras pas le droit de regarder le film ce soir.* »

Mise à exécution des menaces

Sous l'effet de la colère, de nombreuses paroles peuvent être dites qui ne sont pas suivies d'effet. « *Si tu n'arrêtes pas tout de suite, nous ne sortirons pas au parc cet après-midi* » ou « *Si tu ne finis pas ton assiette, nous n'irons pas au cinéma dimanche* ». Ces menaces non suivies d'effet vous font rapidement perdre toute crédibilité. Il ne faudra pas longtemps à l'enfant pour comprendre que vos paroles ne sont jamais (ou rarement) mises à exécution. Si vous souhaitez leur donner un impact, faites-les suivre de conséquences, ou alors ne dites rien. **Lorsqu'une sanction est décidée, appliquez-la immédiatement et sans transiger.**

Les sanctions corporelles

Les sanctions corporelles devraient pouvoir être évitées le plus souvent. Elles s'imposent parfois **lorsque la faute est grave ou que le comportement est particulièrement pénible.** Le but recherché n'est ni la douleur ni l'humiliation, mais plutôt l'interruption d'une cascade d'événements ayant conduit à un comportement exagéré. Donner une tape sur les fesses ou intervenir physiquement (en retenant les gestes de l'enfant, par exemple) permet à la fois de le contenir et de le rassurer d'une présence physique.

- **La contrainte corporelle (maintenir l'enfant) ou la fessée** ne doivent pas constituer la principale forme de réprimande. Celle-ci peut s'accompagner d'un message verbal se limitant à répéter la consigne afin que l'enfant ne trouve aucune ambiguïté à la sanction physique et soit certain de la désobéissance à laquelle elle se rapporte. Les sanctions corporelles, tapes sur les fesses ou fessées plus appuyées, sont souvent administrées par des parents excédés et après un ensemble de désobéissances que l'enfant ne parvient plus à distinguer clairement.
- **Elles peuvent s'avérer appropriées en cas de situation à risque,** par exemple si l'enfant s'apprête à traverser seul la rue ou s'il joue avec des objets dangereux.
- **Utilisez exclusivement la main et le plat de la main** afin de ne pas faire mal à l'enfant. N'utilisez jamais d'objets tels qu'une ceinture, une règle ou une brosse à cheveux ou autre. Le but n'est en aucun cas de faire mal à l'enfant mais d'accompagner et de rendre incontestable le message verbal.
- **Une seule tape rapide et ferme suffit.** Les coups répétés reflètent davantage l'exaspération du parent et sa colère que le mauvais comportement de l'enfant.
- **La fessée ne doit pas être utilisée pour sanctionner une agression physique,** car elle reproduit alors le mauvais message. Ne donnez donc pas de fessée à un enfant qui vient de s'en prendre à vous physiquement en vous frappant – dans ce cas, mieux vaut lui maintenir les mains ou les jambes.
- **Ne donnez pas de fessée lorsque vous vous sentez au paroxysme de l'agacement** ou de la colère, vous risqueriez de faire mal à l'enfant. Octroyez-vous un moment de recul de quelques minutes avant d'intervenir dans le calme.

Le recours à une activité physique

Dans certaines situations, l'activité physique est plus efficace que le temps de retour au calme. L'enfant est en colère ou vous l'estimez incapable de se calmer en s'asseyant sur une chaise ou un coussin. Pourquoi alors ne pas lui donner un moyen d'évacuer son trop-plein d'énergie ? Par exemple, s'il s'est mis en colère contre ses parents parce qu'ils lui ont retiré un privilège, il est envoyé dans sa chambre pour se défouler sur son oreiller. **Il est bon de donner à l'enfant une possibilité de se défouler physiquement.** Il peut utiliser à cet effet différents supports (oreiller, feuilles de papier à déchirer, vieux magazines ou annuaires téléphoniques, vieux T-shirt…). Certains parents mettent même à disposition des punching-balls lorsque l'énergie de l'enfant ou sa colère échappent à tout contrôle. Celui-ci est alors prié de se défouler sur le sac une dizaine de minutes. **Pour les plus âgés,** l'exécution d'une tâche physique comme ramasser les feuilles dans le jardin, ranger la maison ou nettoyer la cuisine peut remplacer la suppression d'un privilège ou l'isolement dans la chambre. Les parents ne devraient pas s'offusquer si l'enfant décide de les représenter en pâte à modeler et d'exprimer son agressivité de manière indirecte en détruisant ou en écrasant ces personnages symboliques.

Mieux communiquer

Parler à l'enfant est une manière parmi d'autres de communiquer et de faire passer votre point de vue. **Trop souvent, les parents oublient qu'il existe bien des moyens de lui faire savoir ce qu'ils pensent de son comportement.** Vous pouvez aussi laisser libre cours à votre imagination pour le surprendre avec de petites attentions qui lui feront sentir que vous pensez à lui et vous souciez de son bien-être.

Les petits mots

Laissez à l'enfant un petit mot manuscrit placé dans un endroit familier où il aura plaisir à le découvrir en votre absence. Ces petites notes montrent que vous pensez à lui et peuvent servir à remarquer un comportement positif ou à encourager des changements de comportement.

- *« C'est très bien. »*
- *« Tu es le meilleur. »*
- *« Continue comme ça. »*
- *« Passe une bonne journée. »*
- *« J'aime ce que tu as fait. »*
- *« Bravo pour tes notes. »*
- *« Tu as bien rangé ta chambre. », etc.*

Tous ces petits mots contribuent à construire la confiance en soi de l'enfant.

Les e-mails ou les SMS

Pour s'adresser aux enfants plus âgés qui ont accès à Internet ou aux SMS, il est possible de se servir de ce support à cet effet. Cette technique présente l'avantage de permettre à l'adolescent de prendre connaissance du contenu du message sans avoir à réagir immédiatement face au parent. Elle permet aussi au parent de garder le contact avec l'adolescent soit pour repréciser une consigne donnée oralement, soit simplement pour assurer ce dernier de la bienveillance de son père ou de sa mère.

Exemples de SMS :

- *« Passe une bonne journée. »*
- *« Tu t'es bien levé ce matin. »*
- *« Merci d'aller chercher ton frère à la sortie de l'école. »*
- *« À tout à l'heure après l'école. », etc.*

Les signes visuels

Au lieu de répéter indéfiniment *« Calme-toi ! »* ou *« Arrêtez de vous disputer ! »*, pourquoi ne pas utiliser **un signe « Stop », en carton,** que vous présentez lorsque le comportement de l'enfant commence à dégénérer ? Certains parents préfèrent employer cette méthode plutôt que de crier en permanence sans pour autant se faire entendre. **N'hésitez pas à faire preuve de créativité dans la conception des panneaux et faites participer vos enfants.** Le cas échéant, utilisez l'humour et dédramatisez la situation.

À LA MAISON

Tandis que certains enfants semblent aux prises avec leurs problèmes de comportement du matin au soir, d'autres se montrent difficiles **à des moments bien spécifiques de la journée, à la maison et au sein de la famille :** le matin et avant le départ à l'école, après l'école, pendant les repas ou au moment du coucher. Il existe différentes approches permettant d'éviter les problèmes récurrents et de gérer le comportement de l'enfant.

Quelques principes de base

Comment encadrer la vie de l'enfant à la maison pour que le quotidien se passe le mieux possible ?

– **Instaurez un emploi du temps efficace,** c'est-à-dire suffisamment détaillé pour que l'enfant n'ait pas de périodes de désœuvrement. Le temps libre doit être encadré pour certains enfants ayant de faibles capacités à jouer ou à s'organiser seuls.
– **Structurez** l'environnement de l'enfant.
– Aidez-le à mieux **s'organiser.**
– Imposez des règles et **des objectifs réalistes.**
– **Utilisez des check-lists** et des tableaux.

AVANT L'ÉCOLE

Les matins de classe mettent souvent parents et enfants sous pression. Respecter un timing, gérer les contraintes du lever, de l'habillage, du déjeuner, de la toilette constituent autant de sources de conflits que de situations potentiellement problématiques. Tel enfant ne veut pas se lever à temps, tel autre refuse de déjeuner, un troisième de porter les vêtements préparés la veille. Rares sont les enfants qui sautent du lit le matin, tout sourire, vont embrasser gaiement leurs parents et se préparent rapidement pour l'école afin de partir avant l'heure prévue !

Pour beaucoup de familles, les journées commencent de façon stressante. **Votre objectif peut être simplement de les débuter dans le calme,**

de manière positive. Les enfants (et les parents) qui vivent des matins sereins seront certainement de bonne humeur et réussiront à bien gérer les difficultés quotidiennes.

Pour atteindre cet objectif, les maîtres mots sont **planification et anticipation.** Vous éviterez la plupart des conflits du matin en anticipant les problèmes et en les gérant au préalable, en dehors de tout stress.

Les matins prennent parfois l'allure de cauchemars ressemblant à ceux que ***Pauline, 10 ans,*** fait vivre quotidiennement à sa mère.

Pauline éprouve beaucoup de difficultés à se lever et à se préparer pour l'école. Sa journée commence à 7 heures. Sa mère passe au moins 15 à 20 minutes à entrer et à sortir de la chambre pour la tirer de son lit. Ces allées et venues incessantes ne manquent pas d'agacer Pauline, qui se renfrogne dans son lit. Ne sachant plus comment s'y prendre, sa mère la menace de lui supprimer toute sortie pendant 1 mois si elle ne sort pas immédiatement du lit.

Une fois ***Pauline*** levée, il est très difficile de trouver des vêtements qui conviennent. La chambre est dans un tel désordre que sa mère ne retrouve rien. S'ensuit une nouvelle dispute à ce sujet. Toutes deux sont mécontentes, et stressées par le temps qui passe. Pauline reproche à sa mère de l'avoir réveillée trop tard. Elles essaient fébrilement de réunir cahiers et livres d'école. Dans le chaos ambiant, prendre un bon petit déjeuner est loin d'être une priorité. Lorsque Pauline est enfin prête, la journée a bien mal commencé pour tout le monde et s'accompagne de tensions probablement inutiles.

Certains enfants « du matin » se lèvent systématiquement de bonne heure, y compris les week-ends quand les parents aimeraient prolonger leur temps de repos ou de sommeil. Dans ce cas, il est préférable de **définir avec l'enfant les activités permises lorsque celui-ci est éveillé** et que tout le monde dort encore. Regarder la télévision, lire des bandes dessinées ou jouer peuvent faire partie des occupations autorisées, à condition d'être déterminées à l'avance et encadrées dans le temps et dans l'espace (durée et nature des programmes de télévision, pièces où l'enfant a le droit de se rendre, etc.). Au lieu de rester désœuvré et de solliciter constamment la présence des parents ou des frères et sœurs, **l'enfant seul se consacre à des activités prédéterminées, dans le calme et sans faire de bruit excessif.**

1. Discutez des conflits du matin

- **Il est important de parler de ces conflits avec les enfants.** En écoutant leur point de vue et en leur expliquant les réactions que provoque leur comportement, vous améliorez la communication entre vous. Pour cela, il est primordial de choisir le moment le plus opportun.
- Trouvez le bon moment pour parler.

La mère de Pauline décide que certaines choses doivent changer. Le matin, la simple perspective d'aller réveiller sa fille lui est désagréable. Au lieu de la sermonner sur l'état de sa chambre tout en la pressant pour qu'elle parte à l'école dans les temps, sa mère décide d'attendre après le dîner, quand Pauline a fini ses devoirs et est détendue, pour lui rappeler que sa chambre est en désordre et que cela ne doit pas se reproduire.

2. Instaurez un emploi du temps

Appliquez la démarche proactive (voir p. 48) **et utilisez les sanctions comme conséquences naturelles d'un comportement inadéquat.** Ici, l'une des manières d'être proactif consiste à instaurer un emploi du temps et à s'y tenir. Se réveiller le matin et sortir du lit est un moment de transition important et difficilement réalisable pour certains enfants – de même que pour certains adultes –, alors que d'autres se lèvent immédiatement comme s'ils étaient montés sur des ressorts. **Tenir compte du « tempérament-sommeil » de l'enfant, de son âge et de ses besoins** est donc primordial. **Mettre en place un emploi du temps adapté** qui s'applique dès le lever et intègre des sanctions liées à son non-respect s'avère judicieux dans certains cas difficiles. Cette méthode est particulièrement efficace car elle rend l'enfant responsable de ses actes et des conséquences qui en découlent.

→ **Le petit déjeuner est un moment crucial pour l'enfant.** Indispensable au plan nutritif, il est aussi un important synchroniseur des rythmes veille-sommeil. **Veillez à ce que l'enfant bénéficie d'un temps suffisant pour ce repas et que celui-ci soit pris au calme,** l'enfant étant assis et le moins distrait possible. Réveillez-le 5 ou 10 minutes plus tôt si nécessaire et suivez les mêmes conseils que pour le dîner (voir p. 80).

3. Organisez-vous

Plus que les autres, les enfants ayant des difficultés d'organisation ont du mal à se préparer le matin. S'il est important qu'ils apprennent à assumer leurs agissements et à être responsables de leurs affaires, ils ont parfois besoin d'une aide des parents pour s'organiser et se préparer. Pour cela, n'hésitez pas à faire preuve de créativité en mettant au point pense-bêtes et listes.

Certains parents trouveront utile d'élaborer avec l'enfant, afin de l'impliquer le plus possible, **une liste de tâches à accomplir** la veille pour organiser les préparatifs du lendemain matin. Au besoin, celle-ci est affichée dans la chambre, dans la salle de bains et sur la porte d'entrée. **Un tableau à gommettes** peut également encourager l'enfant à exécuter diverses tâches quotidiennes sans que de multiples rappels de la part des parents soient nécessaires.

Pauline et sa mère sont toutes les deux agacées de ne pas trouver les vêtements, les livres et les cahiers dans le temps imparti. La solution consiste à tout préparer la veille au soir afin de vérifier que les vêtements sont propres et prêts à être portés, les livres réunis ainsi que les cahiers, etc. Dans cette optique, ***la mère de Pauline*** a pensé que l'établissement d'une liste serait utile à sa fille pour l'aider à se préparer le matin. Toutes deux ont mis au point le rappel écrit suivant, que ***Pauline*** doit pointer chaque soir.

- **À faire le soir avant de se coucher :**

1.	Mes vêtements sont-ils prêts pour demain ? T-shirt/pull Pantalon/robe Chaussettes Chaussures Veste/manteau Écharpe et gants/divers
2.	Mes livres sont-ils rangés dans mon cartable ?
3.	Mes cahiers sont-ils rangés dans mon cartable ?
4.	Ai-je besoin de quelque chose d'autre pour l'école (affaires de sport, argent, mot des parents, documents divers) ?

• Voici quelle peut être par exemple **la liste d'un jeune enfant (4 à 7 ans).** Les parents conçoivent le tableau avec l'enfant, puis, ensemble, ils découpent des images dans un magazine pour créer un rappel visuel de chaque activité.

À faire le matin :

1. Me laver les dents 
2. Me coiffer 
3. M'habiller 
4. Prendre mon petit déjeuner 
5. Vérifier mon cartable 

4. Changez d'attitude

Il est parfois nécessaire que l'adulte prenne de la distance et permette à l'enfant ou à l'adolescent d'assumer sa part de responsabilité et d'autonomie. Dans certains cas, retirez-vous du « théâtre des opérations » et laissez les choses se faire progressivement sans vous.

Une planification satisfaisante et des préparatifs efficaces permettent d'éviter la plupart des problèmes précédant le départ pour l'école. Lorsque surgissent des conflits de dernière minute, évaluez rapidement la situation avant d'opter pour une stratégie – **ignorer le comportement difficile ou donner à l'enfant le choix entre deux possibilités,** par exemple. Imaginons qu'un enfant veuille emporter un jouet à l'école. Dites : « *Tu n'as pas le droit d'emporter ta Game Boy® à l'école, mais tu peux prendre tes cartes.* » De même, si les problèmes portent sur le choix des vêtements, les parents qui ne souhaitent pas accorder une totale autonomie à l'enfant dans ce domaine peuvent lui proposer deux possibilités et le laisser choisir.

Ensemble, ***Pauline*** et sa mère ont réfléchi à des solutions : préparer objets et vêtements la veille au soir, avancer l'heure du coucher, afficher une liste dans la chambre et dans la salle de bains, etc. Les jours où elle sera prête à l'heure, Pauline sera récompensée par des minutes supplémentaires de conversation téléphonique le soir ou après le dîner. Toutes deux se sont efforcées de trouver des solutions aux problèmes, ce qui a permis d'apaiser certains conflits. Pauline continue à afficher, de temps en temps, un comportement négatif, mais sa mère a découvert qu'en prenant un peu de distance et en faisant son possible pour rester calme et ne pas entrer dans des luttes de pouvoir avec sa fille, elle se porte beaucoup mieux pour un résultat finalement meilleur.

→ **Si l'enfant a des difficultés à l'école, il est essentiel d'établir des relations de qualité avec son établissement et ses enseignants.** Prenez rendez-vous avec sa maîtresse ou son professeur principal pour faire le point sur ses difficultés, les méthodes de travail utilisées et les possibilités à explorer. **Il est important que les parents montrent qu'ils sont disponibles** pour parler avec l'enseignant, reprendre à la maison les méthodes utilisées en classe et surveiller attentivement les progrès accomplis.

Quelques principes de base

Certains de ces conseils s'adressent aux enseignants confrontés à des élèves ayant des comportements difficiles :

– **Installez l'enfant difficile à l'endroit le plus adéquat,** dans les premiers rangs, à l'écart des élèves dissipés, d'une fenêtre ou de tout endroit pouvant potentiellement le distraire.

– **Restez à proximité de lui,** regardez-le souvent dans les yeux, adressez-vous à lui directement.

– **Affichez un récapitulatif clair et concis du règlement de la classe** à divers endroits bien visibles, par exemple près du tableau.

– **Utilisez des outils visuels dans la classe ou sur la table de l'élève :** emploi du temps de la journée, sorties, temps de récréation, devoirs, objectifs de la classe. Ces supports aident à la mémorisation et l'élève peut cocher chaque chose effectuée.

– **Donnez des consignes claires et précises :** écrire avec le stylo plume, utiliser l'effaceur, laisser une ligne entre chaque phrase, bien ranger la trousse, parler avec une voix calme, etc.

– **Préparez les élèves aux changements d'activité** et annoncez-les 5 minutes à l'avance.

– Lors du retour des enfants dans la classe, **accordez-leur un bref temps d'adaptation.**

– **Renforcez la surveillance pendant les périodes non structurées :** déplacements dans les couloirs, déjeuner à la cantine, jeux dans la cour, etc.

– Si l'élève est désorganisé, **encouragez-le à utiliser des listes** et une minuterie à la maison pour effectuer les tâches dans le temps imparti.

– **Renforcez ou récompensez de façon immédiate des comportements adéquats.** Un regard appuyé ou une parole brève peuvent suffire à faire comprendre à l'élève qu'il est sur la bonne voie et que le professeur est satisfait de son comportement. Ce signal peut être suffisamment discret pour ne pas être remarqué par les camarades de classe.

– **Utilisez des récompenses individuelles et collectives pour motiver les élèves** à adopter un comportement approprié.

– **Utilisez des tableaux de comportement** (voir pp. 41 et 42) et des contrats individuels pour aider l'enfant à visualiser sa progression.

– **Mettez en place un système permettant des échanges quotidiens d'information** entre l'école et la maison pour soutenir l'effort de l'enfant.

APRÈS L'ÉCOLE

Créez une routine et instaurez des règles de vie pour faciliter votre tâche de parent. En effet, le retour de l'école peut s'avérer particulièrement stressant si l'enfant ne sait pas s'organiser et si son niveau d'excitation est extrême. En l'absence d'un cadre strict, votre maison risque d'être transformée en champ de bataille et tout votre temps dédié à votre enfant.

Le changement de rythme

Les enfants ayant des troubles de l'attention ou d'autres comportements difficiles ont sans aucun doute des **difficultés à passer d'un environnement ou d'une activité à l'autre,** à changer de rythme.

Jérémie, 9 ans, est en train de jouer aux cartes avec sa sœur lorsque sa mère lui indique qu'il est l'heure de mettre la table, une tâche qui lui a été attribuée. Elle lui demande d'interrompre son activité un moment, en rappelant aux enfants qu'ils pourront finir leur jeu plus tard. Jérémie n'est pas content et demande : « *Je ne pourrais pas le faire plus tard ?* » Sa mère lui rappelle que plus vite il aura accompli sa tâche, plus vite il pourra retourner à son jeu. À contrecœur, Jérémie pose ses cartes et va dans la cuisine mettre la table.

Capucine, 7 ans, regarde une émission intéressante à la télévision. Son père lui rappelle qu'ils doivent partir tous les deux pour aller chercher son petit frère chez un ami. Il lui dit aussi qu'elle pourra s'installer devant la télévision à leur retour. Capucine proteste, en disant qu'elle regarde une émission, qu'elle ne veut pas venir et qu'elle peut rester toute seule à la maison. Son père lui répète qu'il est l'heure d'y aller. Elle supplie : « *Encore 5 minutes !* » Il répond qu'ils doivent partir tout de suite. Capucine se met en colère, décrète qu'elle déteste son frère, puis refuse de mettre ses chaussures.

Ces deux exemples font intervenir un enfant soumis à un changement de rythme. Nul n'abandonne de gaieté de cœur une activité amusante au détriment d'une autre tâche moins plaisante. Jérémie est loin d'être enchanté, mais il arrive à assimiler le fait qu'il doive accomplir sa tâche et qu'il puisse revenir jouer plus tard. Capucine, quant à elle, est incapable de gérer ces deux paramètres et se focalise sur le changement d'activité.

De la même manière, le passage de l'environnement scolaire à l'univers familial constitue un changement majeur pour les enfants. Cependant, le retour à la maison après l'école est généralement un événement agréable, contrairement aux changements exposés dans les deux exemples précédents.

Si votre enfant suit un traitement pour un trouble déficit de l'attention/hyperactivité ou d'autres problèmes comportementaux, **ces médicaments peuvent influer sur son comportement après l'école.**

Il est important que les parents en parlent avec le médecin prescripteur. Ce dernier a besoin d'autant d'informations que possible sur l'attitude de l'enfant dans ses différents environnements, ainsi que sur les périodes particulièrement difficiles de la journée. Il prescrira alors le traitement adapté, avec la posologie adéquate.

Environnement structuré et non structuré

Le passage d'un environnement structuré comme l'école à un environnement plus libre comme la maison peut poser un certain nombre de problèmes. Beaucoup d'enfants s'adaptent rapidement à leur nouveau cadre, comprenant que s'ils disposent d'une certaine liberté, il n'en demeure pas moins des règles à respecter. Les enfants hyperactifs ou ayant d'autres comportements difficiles y voient une plage de liberté totale, oubliant ou omettant d'intégrer le cadre et les attentes spécifiques au nouvel environnement, ce qui peut exacerber des comportements inappropriés ou impulsifs. Vous parviendrez aisément à les identifier dans un groupe : ce sont souvent les derniers à retourner dans un cadre fixe, par exemple à rentrer en classe et à se rasseoir à leur table, à se conformer à l'organisation mise en place par les parents en rentrant à la maison, etc.

→ **À la sortie de l'école,** rappelez-vous que l'enfant vient de passer les dernières sept ou huit heures dans un cadre structuré, avec des règles, des attentes, des récompenses et des sanctions spécifiques, clairement définies – un univers organisé et prévisible. De retour à la maison, il se trouve dans un environnement différent, dans un cadre plus ou moins organisé et ordonné.

Organisez les activités après l'école

Commencez par vous poser quelques questions importantes :

1. Quel est votre emploi du temps actuel après l'école ?

L'enfant a-t-il le temps de jouer, de faire ses devoirs, de goûter, de parler de sa journée ?

2. À votre avis, que doit faire l'enfant après l'école et avant le dîner ? Tous ses devoirs ou une partie seulement ? Pas de devoirs du tout ? Jouer dehors ? Participer aux tâches ménagères ?

3. À quoi correspond votre emploi du temps pour cette période, comparé à celui de l'enfant ?

L'évaluation des réponses à ces questions contribuera à clarifier ce qui se produit réellement chez vous après l'école par rapport à ce que vous aimeriez voir se produire.

Vous constatez que le chaos n'est pas l'exception mais la règle ? **Réorganisez ce temps passé à la maison.** Être parent, cela signifie souvent négocier et faire des choix. C'est le moment idéal pour mettre en œuvre ces compétences.

♦ L'emploi du temps

Commencez par élaborer un emploi du temps général conciliant vos besoins et ceux de l'enfant. Bien sûr, des événements imprévus pourront toujours venir perturber votre programme, mais un cadre précis et organisé permet de rendre les fins de journée moins stressantes.

Pour cela, relisez vos réponses aux trois questions ci-dessus. Ensuite, **précisez vos besoins et ceux de l'enfant.** Par exemple, il faut à l'enfant un peu de temps libre pour décompresser, jouer et avoir toute votre attention. De votre côté, vous souhaitez avancer dans vos travaux ménagers parce qu'après le dîner vous souhaitez vous détendre. Puis **déterminez le temps qu'il faut à l'enfant pour décompresser,** pour faire ses devoirs, etc. Une fois défini le temps nécessaire pour chaque activité, **revoyez ce programme avec l'enfant :** *« À ton avis, combien de temps te faut-il pour goûter et parler de la journée ? » ou « Combien de temps cela te prend-il de faire tes devoirs ? ».* Ces estimations temporelles seront données en fonction de l'âge de l'enfant et de sa perception du temps.

Les journées à l'école sont divisées en unités bien précises. Les enfants savent par exemple qu'ils vont étudier les mathématiques pendant 40 minutes, la lecture pendant 45 minutes, puis passer 10 minutes en récréation avant de se consacrer à des ateliers de dessin. **Leur emploi du temps est familier et organisé.** Imaginons qu'une alerte à l'incendie survienne pendant le cours de mathématiques : il est fort probable qu'il faudra une bonne demi-heure à certains enfants pour se concentrer à nouveau sur l'activité initiale.

Les parents peuvent reprendre le principe du découpage en tranches horaires en instaurant un temps pour goûter, un autre pour parler de la journée, pour jouer et pour faire les devoirs.

Quelques principes de base

Communiquez et échangez avec les autres personnes que côtoient quotidiennement votre enfant : lorsque les parents travaillent et qu'un(e) baby-sitter vient garder leurs enfants chez eux après l'école, il est essentiel d'avoir un dialogue avec cette personne et de s'entendre précisément sur les structures, activités, récompenses et sanctions en vigueur à la maison. Un environnement cohérent, quelles que soient les personnes présentes, sera plus prévisible et moins stressant pour l'enfant.

♦ Les tableaux

Votre enfant est réceptif aux supports visuels ? **Un emploi du temps présenté sous forme de tableau** l'aidera à s'adapter à son nouveau rythme. Avec lui, préparez un tableau en couleurs, facile à lire, qui permet de visualiser le déroulement de la fin de journée.

L'emploi du temps peut être très précis :

- 16 h 40-17 h 00 : goûter, discuter ;
- 17 h 00-17 h 30 : jouer ;
- 17 h 30-18 h 30 : devoirs ;
- 18 h 30-19 h 00 : jeu vidéo ou activité libre.

Ou bien plus général :

1. goûter et discuter de la journée ;
2. jouer dehors ou dans le salon ;
3. faire ses devoirs ;
4. jouer dans sa chambre.

Dans un cas comme dans l'autre, l'enfant dispose d'un support visuel rappelant la succession des événements.

→ **Certains parents utilisent une minuterie** pour indiquer à l'enfant le temps disponible pour une activité. Elle s'utilise seule ou associée à une montre qui pourra émettre un discret signal sonore ou une vibration lorsque le temps imparti est écoulé.

Une autre idée consiste à utiliser **une récompense immédiate ou un tableau à gommettes** (voir p. 36) pour valoriser les bons comportements. Vous pouvez ainsi donner à l'enfant un autocollant ou un jeton à chaque fois qu'il réussit à passer d'une activité à l'autre sans plus d'un rappel à l'ordre.

♦ La mise en place de l'emploi du temps

Désormais, vous allez aborder la partie la plus difficile de la méthode : la mise en place de l'emploi du temps. Pour apporter seulement quelques ajustements mineurs à votre rythme actuel, installez-vous avec l'enfant et discutez avec lui de la manière dont vous œuvrerez ensemble pour que les choses se passent au mieux, ainsi que du moment où ce nouvel emploi du temps entrera en vigueur. Si vous prévoyez une modification radicale de votre organisation, consacrez un moment, pendant le week-end par exemple, à une discussion avec l'enfant au sujet de ce nouveau rythme. Expliquez-lui que, avec son aide, les choses seront désormais beaucoup plus structurées après l'école. Parlez-lui de cette nouvelle formule, écoutez ses remarques et rappelez-lui que tout le monde travaillera main dans la main.

Julien a 8 ans. Pour reprendre l'expression employée par sa mère, **il lui en fait voir de toutes les couleurs.** Pour elle, la période qui suit l'école est totalement chaotique. En général, Julien passe la porte de la maison en trombe, jette son manteau et son sac d'école par terre, et sollicite l'attention de sa mère. Après le goûter, Julien et son grand frère Philippe sont supposés faire leurs devoirs. C'est généralement le moment que choisit Julien pour demander à jouer sur l'ordinateur. S'il n'obtient pas gain de cause, il ennuie son frère, geint et cherche querelle à sa mère. Certains jours, celle-ci atteint un tel niveau d'exaspération qu'**elle finit par céder simplement pour avoir la paix.** Les disputes continuent lorsqu'elle essaie de lui faire commencer ses devoirs. Au lieu de rester dans sa chambre pour travailler, Julien entre souvent dans celle de son frère, sans permission, et dérange celui-ci, ce qui déclenche inévitablement une dispute entre les deux garçons, avec la mère dans le rôle de l'arbitre. Après de nouvelles discussions, cette dernière est prête à tout pour avoir le calme jusqu'au dîner. Résultat : Julien joue sur l'ordinateur au lieu de faire ses devoirs et son grand frère a le sentiment que Julien est récompensé pour son mauvais comportement. Quant à leur mère, **elle se sent épuisée et insatisfaite.**

Quelle solution la mère de ***Julien*** va-t-elle trouver ? Elle reconnaît à contrecœur qu'en raison du comportement de Julien, qui la sollicite et déploie tant d'énergie après l'école, **elle a eu bien du mal à lui imposer des règles,** et se résigne à le laisser jouer sur l'ordinateur ou regarder la télévision. Elle essaie de faire faire aux deux garçons leurs devoirs en priorité en leur disant que, s'il reste du temps, ils pourront s'amuser. Habitué à cet arrangement, Philippe n'a aucun mal à s'y conformer. Julien, lui, ne s'est jamais plié aux règles et sa mère admet qu'il sait s'y prendre pour obtenir d'elle des avantages.

Après avoir passé en revue le déroulement des événements après l'école, la mère de ***Julien*** décide que les choses doivent changer. **Elle va mettre en place un emploi du temps qui convient à tous,** aussi bien aux deux garçons qu'à elle-même, et qui lui laisse le temps de parler avec chaque enfant de sa journée, de l'aider à faire ses devoirs, etc.

Tout d'abord, **elle décide avec ses deux fils de l'ordre dans lequel ils aimeraient voir les événements se succéder :** devoirs, jeux, goûter, etc. Philippe explique qu'il voudrait faire ses devoirs dès qu'il rentre, pour en être débarrassé. Julien, lui, préférerait commencer par goûter et parler avec sa mère, puis jouer. Il dit aussi qu'il n'a vraiment aucune envie de faire ses devoirs. Cette discussion permet à la mère de prendre conscience que, après l'école, chaque enfant a des priorités différentes. Elle décide de mettre en place un emploi du temps plus structuré, surtout pour Julien.

Voici quelques-unes des modifications apportées à l'emploi du temps, grâce aux informations recueillies et à une bonne dose de créativité :

1. **Chaque enfant a désormais son emploi du temps individuel,** qu'il a contribué à mettre au point. Il est affiché dans la cuisine et aussi sur la porte de leur chambre.

Emploi du temps de Julien	**Emploi du temps de Philippe**
16 h 40-17 h 15 Goûter Discuter Jouer	16 h 40-17 h 30 Goûter dans la chambre Faire les devoirs
17 h 15-18 h 00 Faire les devoirs	17 h 30-18 h 00 Jouer
18 h 00-18 h 30 Jouer	18 h 00-18 h 30 Discuter

2. **Lorsqu'il passe sans heurts d'une activité à l'autre, chaque garçon reçoit une récompense** – les autocollants conviennent pour les jeunes enfants ; les plus grands reçoivent des cartes à jouer ou des jetons qu'ils échangeront plus tard contre des privilèges.

3. **À 17 h 15, sa mère donne à Julien une minuterie réglée sur 40 minutes, qui lui permet de surveiller lui-même le temps restant**

pour ses devoirs (la minuterie sonne 5 minutes avant l'écoulement des 45 minutes pour lui laisser une petite marge).

Grâce à ces changements, la mère de ces deux garçons a pu atteindre plusieurs objectifs : chacun a désormais du temps pour jouer, faire ses devoirs et être seul à seul avec elle. Quant à elle, elle peut s'appuyer sur un emploi du temps structuré pour mieux faire respecter les règles et récompenser les bons comportements de ses fils. Elle est aussi suffisamment réaliste pour comprendre que la situation ne deviendra pas idyllique du jour au lendemain. Tout en sachant qu'elle devra **faire preuve de fermeté** et donner au nouvel emploi du temps une chance de fonctionner, elle se montre très optimiste.

Les devoirs

Pour gérer le comportement de votre enfant après l'école et apprendre à mieux affronter l'épreuve des devoirs à la maison, il est tout à fait judicieux d'appliquer les conseils ci-dessus. Les problèmes rencontrés dans ce domaine varient selon les enfants.

Hugo a 10 ans. Il est content de rentrer chez lui après l'école pour jouer, mais il fait tout ce qu'il peut pour tenter d'échapper à ses devoirs. Il a essayé de travailler dans sa chambre, mais il trouve toujours des choses plus intéressantes à faire. Il s'installe parfois sur la table de la cuisine car il préfère parler avec sa mère plutôt que de se concentrer sur ses devoirs. **Il a vraiment beaucoup de mal à se mettre au travail.**

Juliette a 12 ans. Quand le moment est venu de faire ses devoirs, elle vide entièrement son sac à dos sur le sol de sa chambre. Elle doit souvent se relever cinq ou six fois pour aller chercher sa trousse ou ses livres. **Se mettre au travail est une tâche difficile pour elle.** Curieusement, certains de ses devoirs « disparaissent » entre le moment où elle prétend les avoir faits et le moment où elle doit les rendre le lendemain.

Arthur a 8 ans. Il s'installe volontiers à sa table de travail. 20 minutes plus tard, les livres et les cahiers sont bien ouverts, mais rien n'a été fait. Au bout d'une heure, Arthur n'est venu à bout que de deux exercices simples de mathématiques. **Parfois, il ne comprend pas le travail demandé ou ne parvient pas à se concentrer** et finit par se demander s'il n'est pas stupide.

Charlotte a 15 ans et beaucoup de devoirs à la maison. Elle se sent parfois tellement submergée qu'elle ne sait même plus par où commencer. En fait, certains jours **elle se sent si découragée** qu'elle remet toutes ses affaires dans son sac et préfère se plonger dans un livre tout en donnant l'impression de travailler.

Chacun des quatre exemples décrits ci-dessus illustre **différents types de problèmes** que les enfants peuvent rencontrer en faisant leurs devoirs, mais qui tous aboutissent au même résultat : **l'enfant est en situation d'échec et découragé.** Les relations avec les parents sont tendues.

Les devoirs ne devraient pas donner lieu à une bataille permanente entre parents et enfants. Les disputes quotidiennes qu'ils provoquent conduisent chacun à éprouver du ressentiment et de la colère. L'objectif est de trouver des solutions pour que ce moment de la journée soit plus agréable et moins frustrant pour chacun.

→ Le cadre général des activités ayant lieu après l'école instaure des habitudes s'appuyant sur un emploi du temps bien précis (voir p. 69). Ainsi, l'heure des devoirs doit être bien comprise par l'enfant et sensiblement la même chaque jour. La régularité est un point important car le travail scolaire se fait au quotidien.

Quelques principes de base

– Certains parents atteignent un stade émotionnel où les sentiments de colère et d'incompréhension prennent des proportions telles qu'ils sont incapables d'affronter le moment des devoirs et que la relation parents/enfants en pâtit. Dans ce cas, **il est préférable de chercher une aide ou un soutien scolaire à l'extérieur.** Un professeur ou un camarade peut aider votre enfant. Cela vous permettra de dédramatiser la situation et de jouer un rôle moins décisif sans abandonner la partie.

– Les enfants pratiquent souvent des activités en dehors de l'école telles que la musique, le sport ou les arts plastiques. **Les parents doivent veiller à ne pas surcharger l'emploi du temps de l'enfant** et s'assurer qu'il lui est adapté. Ajouter chaque soir des exercices de piano ou de solfège aux devoirs à faire pour l'école ne convient pas à tous. En règle générale, les enfants ne devraient pas avoir l'impression de consacrer plus de temps au travail à la maison qu'ils n'en passent à l'école.

– **Le moment où les devoirs sont terminés doit être clairement indiqué !** Vérifiez que les livres et les cahiers sont rangés, et laissez votre enfant passer à autre chose.

– Les parents doivent garder à l'esprit que **les problèmes de concentration, la désorganisation et les comportements difficiles ne constituent pas pour leur enfant une raison de ne pas faire ses devoirs.**

Trouvez le bon endroit

Le lieu et les conditions de travail qui conviennent pour les devoirs peuvent être trouvés en procédant par tâtonnements. Si vous remarquez que votre enfant fait bien ses devoirs dans sa chambre, dans la cuisine ou dans le salon, ne changez rien. Mais si, comme Hugo, il se laisse distraire par tout ce qui se passe autour de lui ou s'intéresse à d'autres activités à ce moment précis, il est important de lui trouver un meilleur endroit pour travailler. **Évitez les pièces à fort passage, équipées du téléphone ou de la télévision, ou contenant de nombreuses distractions,** comme la chambre, la salle de jeux ou de télévision.

D'une manière générale, un emplacement calme et uniquement réservé aux devoirs aide votre enfant à étudier plus vite et de manière plus efficace. L'environnement doit être studieux et protéger l'enfant des distractions extérieures. Veillez également à ce que tous les outils de travail soient à portée de main afin de limiter les allées et venues infructueuses.

L'une des difficultés rencontrées par *Juliette, 12 ans,* pour se mettre au travail est due au fait qu'elle se lève sans arrêt pour aller chercher les affaires dont elle a besoin. Dans ce cas, **il est important de préparer à l'avance son matériel,** en prévoyant les recharges nécessaires. Juliette fait ses devoirs sur un bureau qui se trouve dans sa chambre. Pour faciliter son organisation, sa mère a acheté des boîtes en plastique de couleur où sont rangés ses crayons et stylos, la colle et l'agrafeuse, des surligneurs et une règle. Toutes ces boîtes sont clairement étiquetées et à portée de main. Du papier et des cahiers sont également placés à côté des boîtes. Tous les deux ou trois jours, les fournitures sont passées en revue. En s'organisant ainsi, Juliette a supprimé son besoin d'aller chercher un crayon ou une règle dans une autre pièce.

Aidez votre enfant à s'organiser

♦ La vérification du cartable

Nombreux sont les enfants et les adolescents qui ont du mal à organiser leurs affaires de classe. L'une des premières choses à mettre en pratique est la vérification du cartable, qui doit devenir pour vous une habitude quotidienne. Les parents des enfants désorganisés trouvent parfois des devoirs à faire ou des mots de l'enseignant vieux d'une semaine enfouis tout au fond du cartable. **La vérification quotidienne permet de prévenir les problèmes** de devoirs en retard ou d'informations qui se perdent. Il est bon de mettre en place cette pratique dès le plus jeune âge afin d'éviter des conflits plus tard, quand l'enfant ne verra plus d'un aussi bon œil que ses parents s'intéressent à ses devoirs.

Pensez de même à vérifier que votre enfant a correctement préparé son cartable pour le lendemain après avoir terminé ses devoirs ou avant d'aller se coucher : assurez-vous que tous les cahiers, livres et autres fournitures scolaires dont il a besoin s'y trouvent bien. (Et en préparant le cartable le soir, vous contribuez à ce que les préparatifs du matin se déroulent dans de meilleures conditions, voir p. 60.)

♦ Le cahier de textes

La plupart des enfants disposent d'un cahier de textes ou d'un agenda dans lequel ils doivent noter les devoirs à faire à la maison. Lorsque vous vérifiez le cartable, c'est la première chose que vous devez chercher et demander à votre enfant. Le cahier de textes vous donne une idée de la quantité de travail pour le jour même, et vous permet aussi de l'aider à s'avancer dans ses devoirs de la semaine ou à les planifier. Si vous constatez qu'il ne réussit pas à se relire ou ne note pas correctement les devoirs à faire, **vous pouvez demander à l'enseignant de vérifier que votre enfant a bien rempli son cahier de textes.** Pour faciliter la planification des devoirs et des autres activités, certains parents optent pour un grand calendrier de bureau sur lequel figure une semaine ou un mois par page et qu'ils installent dans l'espace de travail de leur enfant.

	LUNDI	MARDI	MERCREDI	JEUDI	VENDREDI	SAMEDI
8h30-9h30	école	école	détente	école	école	école
9h30-10h30						
10h30-11h30			devoirs / travailler piano			
11h30-12h30						
12h30-13h30	cantine	cantine	déjeuner avec grands-parents	cantine	cantine	déjeuner avec maman
13h30-14h30	école	école	sortie avec grands-parents (ciné, jardin…)	école	école	devoirs
14h30-15h30						sortie avec maman ou après-midi avec une amie
15h30-16h30						
16h30-17h30	goûter / télé	goûter / télé	orthophoniste	goûter / télé	goûter / télé	
17h30-18h30	devoirs / travailler piano	danse	jeu / télé	devoirs / travailler piano	devoirs / travailler piano	
18h30-19h30	jeux	jeux		jeux	jeux	piano
19h30-20h30	dîner	dîner	dîner	dîner	dîner	dîner
20h30-21h30	détente (jeu, télé, discussions)	détente	détente	détente	détente	détente

Quelques principes de base

S'il est indispensable de responsabiliser les enfants, il est bon de rappeler que les enfants hyperactifs, par exemple, ont beaucoup plus de difficultés que les autres dans ce domaine. Dans ce cas, les parents peuvent faire beaucoup pour aider leurs enfants à travailler de façon plus autonome.

– **Mettez en place de bonnes techniques d'organisation.** Certains enfants montrent de meilleures capacités de concentration dans un environnement de travail calme et à l'écart de l'agitation familiale alors que d'autres préféreront travailler dans une ambiance plus sonore. En effet, pour certains, le silence peut être dérangeant et source de distraction. Il n'est pas souhaitable que l'enfant utilise un niveau sonore trop important. La musique écoutée au casque, la radio ou la télévision doivent être proscrites. En revanche, un fond sonore discret peut favoriser la concentration pour certains. Pour preuve, certains enfants cherchent en permanence à créer leur propre environnement sonore (remuer la chaise, frapper le bureau, cliquer le stylo, triturer les pages du cahier, sonneries de jouets électroniques, craquer les phalanges...).

– **Concevez une façon spécifique** à votre enfant pour l'aider à s'organiser et à gérer son espace de travail.

– **Soyez disponible** pour apporter votre aide sans critiquer systématiquement.

Combien de temps consacrer aux devoirs ?

Lorsque les devoirs de l'enfant, comme ceux d'*Arthur,* s'éternisent ou même ne sont jamais terminés, il faut y regarder de plus près. Certains parents finissent par consacrer toute leur soirée à aider leur enfant à finir son travail. Cette situation n'est agréable ni pour eux ni pour lui.

Commencez par évaluer le temps réellement nécessaire à votre enfant pour faire ses devoirs. Le mieux est d'en parler avec l'enseignant afin d'obtenir une estimation réaliste. Si votre enfant a du mal à fixer son attention et à rester concentré ou connaît d'autres difficultés d'apprentissage, les devoirs peuvent durer un peu plus longtemps. Lorsqu'un enfant connaît des problèmes de concentration et d'organisation, et manque d'autonomie dans son travail, il lui faut environ 50 % de temps supplémentaire par rapport au temps moyen de travail estimé.

La maîtresse d'Arthur a indiqué aux parents que les élèves de sa classe devaient consacrer quotidiennement environ 20 minutes à leurs devoirs. **Compte tenu de ses difficultés de concentration,** le temps de travail d'Arthur sera donc de 40 à 50 minutes.

Ses parents lui ont acheté un minuteur de cuisine qu'ils ont placé sur son bureau afin de lui rappeler visuellement qu'il doit travailler dans un délai imposé. Ils ont décidé de le régler sur 10 minutes, puis de laisser Arthur faire une petite pause avant de se remettre au travail encore 10 minutes. ***Les parents d'Arthur* se relaient pour contrôler le travail** effectué toutes les 10 minutes et lui proposer de l'aide le cas échéant.

À la fin des 50 minutes, **il doit s'arrêter et ranger ses affaires, qu'il ait terminé ou non ses devoirs.** S'il n'a pas réussi à tout faire dans le délai imposé, sa mère ou son père écrira un mot à la maîtresse en lui expliquant combien de temps il a travaillé et en confirmant qu'ils continuent à essayer d'atteindre l'objectif fixé, c'est-à-dire finir les devoirs dans un temps raisonnable.

Quelques principes de base

Comment organiser les devoirs ?

– **Il convient de partager le temps de devoirs en séquences courtes,** plus faciles à gérer. **Pour un jeune enfant,** vous pouvez appliquer la même méthode que les parents d'Arthur et sérier la durée des devoirs en plusieurs séquences de 10 minutes séparées par des pauses.

– **Passé l'âge de 12-13 ans,** l'adolescent risque d'accepter plus difficilement l'intérêt que ses parents portent à son travail personnel. Par ailleurs, se prendre en charge en s'autodisciplinant est un bon point de départ vers l'autonomie qu'il doit acquérir. Il n'est pas souhaitable que vous vous donniez plus de mal que lui ; s'il n'a pas terminé son travail à la maison, il en supportera provisoirement les conséquences à l'école et acceptera plus volontiers une aide de ses parents.

Afin de faciliter l'apprentissage de l'autonomie, la meilleure stratégie consiste à **apprendre à l'enfant à s'organiser et à s'autodiscipliner,** tout en se montrant disponible à son égard et en lui ménageant un cadre qui lui permet de travailler de façon indépendante.

Dans le cas de *Charlotte,* le fait d'avoir à affronter une grande quantité de devoirs est si décourageant qu'**elle ne parvient pas à s'organiser en conséquence.** Son père l'a aidée à mettre au point un système qui fonctionne bien. Elle s'installe sur une grande table débarrassée de tout autre document, puis répartit ses devoirs par matières, en plusieurs piles. Elle a effectué plusieurs photocopies du tableau suivant qu'elle utilisera tout au long de la semaine.

Matière	Temps idéal	Temps passé
Français	25 mn	15 mn
Anglais	–	–
Maths	15 mn	25 mn
Biologie (SVT)	–	–
Histoire-Géographie	20 mn	20 mn
Physique-chimie	–	–

Chaque soir, ***Charlotte*** prend un exemplaire de ce tableau et estime le temps idéal pour chaque matière. Elle procède ensuite matière par matière : d'abord le français, puis l'anglais, etc., en veillant à ce que tous les livres et cahiers dont elle n'a pas besoin pour l'exercice soient hors de sa vue. Après avoir terminé une matière, elle inscrit le temps passé à la matière dans la colonne de droite, range les affaires utilisées, dispose en face d'elle la pile de la matière suivante, puis s'accorde une pause de 5 minutes. Son père contrôle toutes les demi-heures le travail accompli.

Bien qu'il lui ait fallu un certain temps pour se contraindre à cette discipline, Charlotte y est parvenue et apprécie le fait de **ne plus se sentir débordée tout en devenant beaucoup plus efficace.**

LA VIE AU SEIN DE LA FAMILLE

Les repas

Les repas pris en famille sont l'occasion de se retrouver et d'établir un mode de communication parent-enfant privilégié. Ils sont aussi parfois le moment où éclatent des conflits, et peuvent cristalliser autour d'une table les mécontentements et ressentiments de la journée. Frères et sœurs se retrouvent, et parfois règlent leurs comptes. Les parents tentent d'établir un dialogue ou d'arbitrer les conflits. Les enfants les plus actifs ou les « petits mangeurs » peuvent poser des problèmes spécifiques pour tenir en place à table ou terminer leur assiette.

L'objectif du repas

S'asseoir autour d'une table pour partager un repas n'a pas pour seul but de se nourrir mais présente bien d'autres enjeux. Tout d'abord, cela peut être l'une des rares occasions de la journée de réunir tous les membres de la famille en un même endroit. Prendre ses repas ensemble donne la possibilité à chacun de parler de sa journée, de discuter d'un événement à venir ou d'un intérêt commun, bref de **communiquer avec les autres.**

S'asseoir autour d'une table contribue à la création d'un rituel familial. Et ce rituel auquel chacun prend part peut aider à créer une unité entre les membres de la famille.

Nicolas, 9 ans, ne pose pas de problèmes majeurs pendant la journée, bien que ses parents se plaignent qu'il bouge beaucoup, manque d'organisation et ennuie constamment sa sœur. **C'est au moment des repas que les difficultés sont les plus évidentes.**

La période qui précède immédiatement le repas est déjà problématique. Nicolas semble réclamer l'attention de tous, pleurniche et se dispute avec sa sœur. À table, il ne tient pas en place, quitte sa chaise une bonne dizaine de fois et, pendant les brefs moments où il est assis, dérange sa sœur en lui donnant des coups de pied ou en faisant du bruit. Ces débordements perturbent le repas en mobilisant totalement l'attention sur le garçon. **Ils rendent toute autre modalité de communication impossible,** car dès qu'une tentative est faite de s'adresser à sa sœur, Nicolas en profite pour renverser un verre ou laisser tomber un couvert.

Avant le repas

1. Éliminez les causes évidentes d'énervement.

Si chaque soir, avant le repas, votre enfant pleurniche ou déclenche des disputes, il est possible qu'il soit simplement fatigué. S'il a fait ses devoirs pendant l'heure qui vient de s'écouler, **quelques minutes de détente lui permettront sans doute de trouver un peu de sérénité.** L'enfant peut choisir un jeu de construction, dessiner, lire ou regarder quelques instants une cassette ou écouter une musique qu'il aime. Cette activité calme ne doit pas forcément nécessiter la présence d'un adulte.

S'il prend un traitement pour l'hyperactivité, les effets des médicaments diminuent en fin de journée. Dans ce cas, le médecin prescripteur peut vous aider à ajuster la posologie pour le soir. Il existe parfois une explication simple aux problèmes de comportement excessif.

2. Assignez une tâche à l'enfant.

L'une des stratégies possibles consiste à orienter le comportement de l'enfant pour le canaliser. Ainsi, lui confier des responsabilités précises afin de le faire coopérer à la préparation du repas peut se révéler efficace. En lui attribuant certaines tâches comme mettre le couvert, trouver une idée pour plier les serviettes de façon originale ou tourner la salade, et en lui donnant une image positive de sa participation, **vous l'encouragez à être autonome et à abandonner ses comportements parasites.** Montrez-vous encourageant et manifestez des réactions positives.

Les parents de Nicolas décident que, puisque sa sœur est chargée de débarrasser la table, Nicolas devra mettre le couvert. Ils insistent sur l'importance de cette tâche et lui ont fait comprendre qu'elle joue un rôle essentiel dans le bon déroulement des repas. Comme Nicolas apprécie cette responsabilité, ses parents veillent à faire l'éloge de son travail au moment de passer à table.

Pendant le repas

1. Préparez le terrain.

Il est important que votre enfant accorde de l'importance aux repas. Établir un rituel peut l'aider à ne pas se disperser.

La première règle est que les repas soient toujours pris au même endroit, c'est-à-dire à table. Ne laissez pas votre enfant déjeuner ou dîner devant la télévision, dans sa chambre ou dans tout lieu non approprié.

De même, il est conseillé d'**éviter les distractions** que peuvent constituer les jouets, les livres, la musique ou la télévision, qui détournent l'enfant de son objectif principal. Fixez une règle : *« À table, on n'entendra que les voix de la famille et l'on n'apportera rien d'autre avec soi que son appétit. »*

Un autre facteur à prendre en considération est **la place de chacun à table.** Si la disposition habituelle des membres de la famille est source de conflit, il faut y remédier en la modifiant.

Les parents de Nicolas ont préféré le changer de place afin qu'il ne soit plus en face de sa sœur pour éviter les coups de pied et autres agressions.

2. Fixez des règles.

Les règles sont un point clé pour aider l'enfant à adopter un comportement adéquat. Pour qu'elles soient respectées, elles doivent s'adapter aux possibilités et à l'âge de chacun. Les bonnes manières ne peuvent être inculquées en une fois. Se tenir à table suppose que l'enfant a intégré un certain nombre de compétences psychomotrices (s'asseoir correctement, ne pas se tortiller, placer ses mains autour de son assiette, utiliser les ustensiles appropriés, se servir, faire attention aux autres, utiliser les codes de communication et de politesse, etc.).

À la réflexion, ***les parents de Nicolas*** ont estimé qu'ils avaient certainement des **exigences excessives.** Leur insatisfaction venait de ce qu'ils étaient constamment en train de corriger et de vouloir contrôler le comportement de leur fils en lui demandant de ne pas gigoter sur sa chaise, de rester à table tant que tout le monde n'avait pas terminé et d'observer une dizaine de règles de bonne conduite à table. Ils avaient aussi l'habitude de citer en exemple sa sœur Colette, âgée de 12 ans, qui se comporte parfaitement pendant les repas.

***Les parents de Nicolas* ont sélectionné trois règles « non négociables »**, qu'ils ont décidé d'appliquer régulièrement. Pour les autres, ils fermeront les yeux dans un premier temps. Les règles placées en tête de leurs priorités leur ont semblé raisonnables et à la portée de Nicolas :

1. **Dire « s'il te plaît » et « merci ».**

2. **Demander qu'on lui passe les choses à table** au lieu d'allonger le bras en gênant les autres.

3. **Ne pas agacer sa sœur** en mettant les doigts dans son assiette.

Les parents de Nicolas ont également décidé d'écourter la durée du repas afin que leur enfant réussisse à respecter les règles durant cette période.

3. Faites des compromis.

Les compromis ne signifient ni remettre en question les règles déjà fixées ni fermer les yeux sur les mauvaises manières que vous combattez au quotidien, mais se montrer plus tolérant dans certaines situations où une marge de négociation est possible.

Les parents de Nicolas s'irritaient également du fait qu'il se lève très souvent de table, brusquement, et ne reste pas assis correctement sur sa chaise. Le médecin qui suit Nicolas pour ses problèmes de concentration et son comportement impulsif leur a demandé de réfléchir **à un objectif raisonnable pour un enfant de 9 ans ayant ce type de difficultés.** Ils ont alors décidé ensemble d'un compromis obligeant Nicolas à rester en contact avec sa chaise mais à pouvoir changer de position (avoir soit les genoux, soit les fesses sur sa chaise, ne pas s'asseoir complètement).

L'autre compromis instauré a consisté à **donner à *Nicolas* des « permissions » de quitter brièvement la table.** Il aurait droit à quatre autorisations de sortir de table pour une période n'excédant pas 2 minutes. Le nombre de « permissions » se réduirait petit à petit jusqu'à ce que Nicolas parvienne à rester à table pendant un repas entier.

D'autres compromis ont été préconisés, tels que :

- **faire manger les enfants avant les parents,** ce qui permet de modifier les centres d'attention et les relations au cours des repas ;
- **abréger le repas si celui-ci s'éternise** pour éviter que l'enfant ne se trouve en situation de désobéir par incapacité à respecter la règle.

4. Prévoyez des sanctions.

Prévoyez des sanctions en cas d'infraction aux règles de base ou de comportement inacceptable. Les conséquences doivent être aussi immédiates que possible. Par exemple, un enfant qui se met en colère au point de devenir quasiment incontrôlable sera isolé immédiatement après un avertissement verbal. Vous ne l'autoriserez à revenir à table qu'après un laps de temps déterminé ou lorsqu'il sera prêt à se comporter de façon plus calme (voir le « temps de retour au calme », p. 25).

Vous pouvez aussi instaurer des pénalités de courte durée pour supprimer un privilège tel que jouer avec ses amis ou avoir des conversations téléphoniques.

Sur le plan positif, **les règles de bonne conduite à table,** lorsqu'elles sont respectées, s'intègrent également dans un système de tableaux à points (voir p. 39) et font partie des comportements qu'il faut valoriser.

Ces règles ne supprimeront sans doute pas tous les problèmes de comportement de votre enfant à table mais devraient permettre de **trouver plus d'harmonie et de tranquillité** dans un moment dédié aux échanges et au plaisir de manger ensemble.

Les frères et sœurs de l'enfant difficile

Il est rare que les troubles du comportement d'un enfant soient sans conséquences sur le fonctionnement de la famille entière. Or les interventions des professionnels se focalisent souvent sur l'enfant à problèmes, au risque de négliger les parents ou les frères et sœurs, qui deviennent alors les pièces oubliées du puzzle familial. Il est pourtant certain que les frères et sœurs d'un enfant difficile, qui mobilise constamment sur lui l'attention des adultes, sont contraints de s'adapter et de faire des sacrifices qui passent souvent inaperçus. **Que ressentent au quotidien les membres de la fratrie d'un enfant à la conduite systématiquement oppositionnelle, d'un enfant colérique ou simplement provocateur ?** Les témoignages de Thomas, Chloé et Alban à cet égard sont éloquents.

Thomas : *« Souvent, lorsque je rentre à la maison après l'école, je vérifie immédiatement l'humeur de mon frère, avant même de poser mon manteau et mon cartable. S'il paraît contrarié ou renfrogné, je préfère ne pas lui adresser la parole parce que je sais qu'il va hurler. Parfois, je me sens stressé à la seule idée de rentrer à la maison. »*

Chloé : *« J'en ai un peu assez que l'on passe beaucoup de choses à ma sœur hyperactive, alors qu'on ne l'aurait jamais fait pour moi au même âge. Même si je peux comprendre les problèmes de ma sœur, cela me rend parfois jalouse car les efforts que je peux faire pour plaire à mes parents ou pour les aider semblent passer totalement inaperçus. »*

Alban : *« Je ne supporte plus que mon petit frère me fasse honte devant mes amis. Il est embarrassant car il les taquine sans cesse et les irrite avec ses pitreries. Au début, ils trouvaient cela amusant, maintenant j'ai l'impression qu'ils m'évitent et qu'ils n'ont plus aucune envie de venir jouer à la maison. »*

Il est normal que des frères et des sœurs se chamaillent, se taquinent, s'adressent des reproches et pensent que l'un ou l'autre est le préféré des parents. Toutefois, lorsque l'un des enfants présente un comportement impulsif ou une conduite d'opposition systématique, **les sentiments négatifs comme la jalousie, la rancœur, l'animosité sont exacerbés** et mettent plus de temps à se dissiper. Bien sûr, certains frères et sœurs d'un enfant difficile s'adaptent, apprennent à se tenir à l'écart des conflits et des explosions de colère. Ils admettent que ces tensions font partie du fonctionnement de leur famille et cherchent le meilleur moyen de s'y adapter. Mais, lorsque au contraire les autres enfants de la fratrie ne les supportent pas, un soutien particulier et des interventions ciblées peuvent s'avérer nécessaires.

Maximilien, 7 ans, est agité en permanence : il monte sur les canapés, les fauteuils, ne range jamais ses affaires, met sens dessus dessous la chambre de sa sœur Zoé, âgée de 12 ans. Il hurle dès qu'il est contrarié et n'hésite alors pas à dire des grossièretés à sa sœur et à l'insulter. Il explose facilement dès qu'une remarque lui est faite ou qu'une contrariété se présente à lui. Ne sachant jamais quand la prochaine colère va éclater, Zoé préfère s'abstenir d'emmener son frère dans les magasins ou de se promener avec lui au parc, ce qu'elle prenait plaisir à faire avant. Zoé sait que ses parents sont tellement occupés à gérer les crises de Maximilien qu'ils ne font plus tellement attention à elle. Elle se débrouille pour faire seule ses devoirs et préparer ses affaires de classe, mais elle aimerait de temps en temps un peu de soutien et de reconnaissance. **Ses sentiments à l'égard de son frère sont mitigés,** faits d'amour, bien sûr, mais aussi d'agressivité contenue, et il lui arrive de se mettre vraiment en colère contre lui. **Empreinte de culpabilité,** Zoé essaie de se surpasser à l'école pour compenser les ennuis causés par Maximilien et ce qu'elle juge comme étant une mauvaise attitude de sa part à son encontre. Elle pense parfois qu'elle aurait souhaité un autre frère que Maximilien ou même qu'il ne soit plus là, avant de se reprendre très vite et de se sentir triste d'avoir pu souhaiter une chose pareille.

Âgées respectivement de 9 et 11 ans, Anna et Noémie ont bien deux ans d'écart, mais des années-lumière de différences dans leur comportement. Anna est capable de passer des heures à lire ou à peindre, elle aime beaucoup l'école et a de nombreux intérêts en commun avec ses amies. Dans la chambre qu'elle partage avec Noémie, son espace est toujours rangé et soigneusement organisé. Noémie, quant à elle, n'a jamais su terminer une activité. La plupart des choses qu'elle commence restent inachevées et ses affaires traînent aux quatre coins de la maison. Noémie a du mal à obtenir de bons résultats scolaires malgré le soutien intense qu'elle reçoit de la part de ses parents et des enseignants. Relativement solitaire et souvent rejetée du fait de son comportement un peu brusque et de son manque d'intérêt pour l'école, Noémie semble se complaire dans le désordre, qu'elle étend volontiers aux affaires de sa sœur. Anna reconnaît qu'elle s'emporte de plus en plus facilement contre sa sœur, qui ne peut pas s'empêcher de déranger ses affaires. Étant la cadette, elle trouve injuste que ses parents lui demandent toujours des services comme *« Rappelle ceci à Noémie, dis à Noémie de penser à cela »*. **Parfois, Anna aimerait avoir les mêmes problèmes que sa sœur pour que l'on soit aussi indulgent avec elle.** Elle ajoute que Noémie ne se fait jamais gronder lorsqu'elle quitte la table pendant le repas ou quand elle fait tomber son assiette en se levant brusquement. Se sentant parfois délaissée et incomprise, Anna se surprend à penser que, si elle ressemblait à sa sœur, ses parents lui consacreraient davantage de temps.

Les plaintes les plus courantes

♦ Deux poids, deux mesures

Même dans les familles les plus harmonieuses, il peut arriver d'entendre des récriminations telles que : *« Ce n'est pas juste. Vous lui passez tout. Moi, personne ne me laisse faire une chose pareille ! »*

Dans les familles où vivent plusieurs enfants, il est probable qu'à un moment ou à un autre chacun éprouve un sentiment d'injustice. Si l'un d'eux présente un comportement particulièrement difficile, ce jugement sera renforcé par le fait que les parents sont amenés à revoir leurs principes, leurs attentes et leurs sanctions, de façon inconsciente ou non, et obligatoirement inégalitaire. Si vous passez du temps à vous disputer avec votre fille qui refuse de faire son lit ou de ranger sa chambre avant de partir à l'école, vous finirez certainement par vous décourager au point de la laisser faire. Cependant, vous continuerez à exiger de vos autres enfants qu'ils fassent leur lit.

♦ Manque d'attention

Les parents se voient adresser des reproches du type : *« Mais tu m'avais promis de m'emmener au parc d'attractions… C'est toujours de Thomas que tu t'occupes. Tu n'as jamais de temps pour moi. »* Et c'est malheureusement vrai ! **Un enfant qui rencontre des problèmes comportementaux accapare le temps et l'énergie de ses parents.** Même quand l'enfant difficile subit des mesures disciplinaires ou des sanctions, il n'en bénéficie pas moins de l'attention parentale. Ses frères et sœurs se sentent souvent délaissés, et il n'est pas rare qu'ils cherchent à se faire remarquer d'une manière ou d'une autre pour attirer l'attention des parents.

♦ Envahissement de l'espace

« Elle n'arrête pas de prendre mes affaires et de les abîmer ! » Même l'enfant le plus attentionné oublie parfois de demander la permission avant d'entrer dans la chambre de son frère ou de sa sœur. **Les enfants impulsifs réfléchissent rarement avant d'y faire irruption pour s'emparer de tout ce qui retient leur intérêt.** Dans le meilleur des cas, ils finissent par restituer l'objet, le plus souvent endommagé, ou l'égarent et oublient de le rendre. Le frère ou la sœur nourrit alors une rancœur bien compréhensible et peut vouloir se venger de ce comportement, surtout si les parents n'y mettent pas un certain ordre.

♦ Sorties en famille gâchées

« Pourquoi est-ce que je dois rentrer à la maison ? Ce n'est pas moi qui ai fait une colère. » **Dans une famille qui compte un enfant difficile, il arrive que certaines sorties familiales s'interrompent brusquement lorsque celui-ci fait une colère ou enfreint une règle.** Si son comportement pénalise aussi ses frères et sœurs, ces derniers seront contrariés et se diront qu'une fois de plus c'est l'enfant difficile qui régit la vie de la famille.

♦ Problèmes liés aux différences d'âge

Les aînés estiment souvent difficile d'avoir à gérer un plus jeune au comportement difficile ou irascible. Certains reconnaissent qu'ils n'aiment pas emmener l'enfant impulsif dans un lieu public parce qu'il *« dit n'importe quoi à n'importe qui, sans se rendre compte à quel point son comportement est gênant ou mal élevé »*.

Si les problèmes de comportement concernent un enfant plus âgé, il est possible que ses frères et sœurs cadets deviennent l'une de ses cibles privilégiées.

Les sentiments

Du bonheur d'avoir un compagnon de jeu à la frustration de devoir partager ses affaires avec l'autre, les relations au sein de la fratrie suscitent une vaste palette de sentiments. **Lorsqu'un des enfants présente un comportement difficile, ces sentiments sont exacerbés,** les émotions négatives (colère et ressentiment, par exemple) ont alors tendance à prendre le pas sur les sentiments positifs.

→ Les frères et sœurs sont confrontés à la même palette de sentiments et d'émotions que les parents de l'enfant difficile.

♦ Culpabilité

La culpabilité naît de divers ressentis. Certains enfants se disent qu'ils aimeraient avoir un autre frère ou une autre sœur, ou que l'enfant à problèmes ne soit plus là. Ils luttent contre ces pensées qui les culpabilisent, mais se disent parfois qu'ils aimeraient, eux aussi, adopter un comportement difficile. D'autres se surprennent à jubiler lorsque leur frère ou leur sœur se fait gronder ou est puni.

♦ Jalousie

Même dans les familles les plus sereines, les frères et sœurs éprouvent parfois un sentiment de jalousie. L'enfant se dit que son frère a plus de jouets que lui, ou que sa sœur est la préférée des parents. Dans les familles où un enfant pose des problèmes de comportement récurrents, ses frères et sœurs sont souvent jaloux de l'attention que lui consacrent les parents. Et le fait que cette attention soit négative importe peu.

♦ Colère et ressentiment

La colère et le ressentiment sont les deux sentiments les plus fréquemment exprimés à l'encontre d'un frère ou d'une sœur ayant un comportement difficile. Comme pour ***Zoé et Anna*** dans les exemples cités plus haut (voir p. 86), les enfants acceptent mal de changer leur emploi du temps, leur comportement ou leurs priorités pour s'adapter aux besoins de l'autre. Même s'ils comprennent que certaines adaptations contribuent à un meilleur fonctionnement de la vie familiale, il est évident que cette situation peut entraîner une souffrance importante susceptible de s'exprimer de différentes façons.

♦ Anxiété et tristesse

Un enfant colérique ou d'humeur imprévisible crée une ambiance d'appréhension permanente au sein de la famille, qui redoute sans cesse la prochaine crise. **Certains enfants vivent mal le stress subi par les proches, tandis que d'autres redoutent les réactions que l'enfant difficile risque de susciter dans leur entourage.** Cette anxiété peut se cristalliser et s'installer de façon plus ou moins durable.

Certains enfants envient l'atmosphère calme et paisible qui, pensent-ils, règne dans la plupart des familles, sauf dans la leur. Ils considèrent leur famille comme anormale ou estiment que leurs parents sont perpétuellement stressés et malheureux.

Les réactions des frères et sœurs

Certains enfants parviennent à s'adapter pour préserver l'harmonie familiale. Même s'ils éprouvent de la frustration, de la colère ou de l'amertume, ils mettent en place des mécanismes leur permettant de vivre sans que les sentiments négatifs deviennent prédominants.

Pour d'autres, les exigences et les perturbations liées au comportement difficile de leur frère ou de leur sœur se révèlent plus difficiles à gérer. Elles risquent d'engendrer une modification inconsciente de leur propre comportement pour tenter de corriger ce qu'ils perçoivent comme un déséquilibre au sein de la famille.

♦ Repli sur soi

En réaction au comportement difficile et colérique d'un frère ou d'une sœur, certains enfants deviennent calmes et renfermés, estimant que moins ils créeront de remous, mieux cela vaudra pour la famille. Comme ***Zoé*** dans l'exemple cité plus haut (voir p. 86), ils éprouvent de la colère ou de l'amertume, mais gardent ces sentiments en eux pour préserver la « paix » au sein d'une famille déjà fort stressée. **C'est particulièrement frappant chez les enfants dont le frère ou la sœur présente un comportement d'opposition permanente marqué par des colères.**

♦ Surpassement

À l'instar de l'enfant qui se renferme, **celui qui se surpasse tente de compenser le mauvais comportement d'un autre enfant en étant « parfait ».** Il se met en quatre pour obtenir des résultats scolaires exemplaires ou pour avoir un comportement irréprochable, estimant qu'il lui incombe de pallier les déficiences de l'autre enfant.

♦ Attirer l'attention

Loin de se surpasser, d'autres enfants adoptent l'attitude inverse, pensant qu'en présentant eux aussi un comportement difficile, ils pourront également se placer au centre de l'attention de leurs parents. **Ils tentent ainsi de provoquer l'institution de règles de fonctionnement spéciales pour eux,** de bénéficier d'une aide personnalisée pour les devoirs, et d'intéresser les parents et d'autres adultes par le biais de leurs propres agissements problématiques.

♦ L'enfant-parent

Un autre cas de figure est celui de l'enfant qui tente d'aider ses parents à éduquer un frère ou une sœur souffrant d'un trouble du comportement. Cela peut concerner un aîné, agacé de voir que ses parents ne parviennent pas à contrôler l'enfant difficile, et qui se risquera à assumer lui-même cette responsabilité. Il s'agit aussi de l'enfant qui au sein de la fratrie a été le plus souvent responsabilisé dans la gestion du comportement difficile de son frère ou de sa sœur. Dans l'exemple de Noémie et d'Anna, cette dernière est, sans le vouloir, placée dans ce rôle par ses parents. Des problèmes peuvent naître du fait que l'enfant « responsable » prend trop au sérieux ce rôle de parent par délégation et vit mal les attentes qui en découlent.

Que faire ?

Les parents ne peuvent prétendre détenir la solution à tous les problèmes pouvant se poser entre leurs enfants. Dans certains cas, ces derniers sont en mesure de régler leurs différends tout seuls. **Les conseils suivants devraient permettre d'aider à résoudre les conflits les plus courants entre frères et sœurs.**

1. Dédramatisez.

La première étape du processus de dédramatisation consiste à évoquer le problème avec le ou le(s) enfant(s) concernés.

Il se peut notamment qu'un diagnostic d'hyperactivité (TDAH) ou de trouble oppositionnel ait été posé chez l'un des enfants. **Il est alors conseillé d'en parler avec ses frères et sœurs** pour leur expliquer l'impact possible de ce diagnostic sur la famille. Reconnaître qu'un enfant souffre d'un trouble de ce type ne signifie pas que tous ses comportements problématiques seront tolérés ou excusés, mais simplement qu'il faudra considérer les efforts qu'il produit en fonction de cela et faire preuve d'une certaine indulgence à son égard.

Il est aussi utile de donner des précisions sur les situations susceptibles de déclencher des comportements difficiles, en donnant des exemples (prendre un bain, ranger ses vêtements, respecter le temps de travail des autres, aller se coucher…).

Cette démarche doit permettre de montrer aux autres enfants que vous partagez avec eux les problèmes de leur frère ou sœur difficile et qu'ensemble vous vous donnez les moyens de réussir.

2. Imposez des règles de fonctionnement au sein de la famille.

L'existence d'un « règlement intérieur » s'avère particulièrement utile dans les cas de conflits ouverts entre frères et sœurs. Ne vous épuisez pas à vouloir assurer une égalité parfaite entre chaque enfant – cela relève du domaine de l'impossible –, mais mettez en place des ajustements permettant de faciliter l'adaptation de chacun à la situation difficile.

Ces règles doivent absolument tenir compte des besoins des autres enfants et leur assurer une certaine protection. Par exemple, il est fréquent qu'un enfant difficile importune ses frères et sœurs, prenne ou abîme leurs affaires. Dans ce cas, les limites posées doivent être clairement définies et très fermes, c'est-à-dire être rigoureusement appliquées. Utilisez des mots comme « interdit » ou des phrases courtes, volontairement très incisives, en utilisant le « je » comme : *« Je te rappelle qu'il est absolument interdit de toucher aux affaires de ta sœur »* ou *« Je t'ai dit de ne jamais déranger ton frère pendant ses devoirs »*. Les conséquences éventuelles des manquements à ces injonctions doivent être immédiates.

→ Faire en sorte de protéger les affaires des frères et sœurs de l'enfant difficile, et d'assurer le respect de leur espace personnel est une priorité.

3. Préservez des moments consacrés aux autres enfants.

L'enfant difficile accapare sans doute une grande partie de votre temps et de votre énergie. Malgré tous vos efforts pour préserver l'équilibre familial, ses frères et sœurs peuvent se sentir quelque peu délaissés ou insatisfaits. Ménagez-vous des moments seul à seul avec chacun. Certains enfants hésitent à solliciter leurs parents qu'ils jugent déjà surmenés et il est donc plus aisé que les parents fassent le premier pas dans ce sens.

Quelques principes de base

Pour préserver l'intimité et les affaires personnelles des frères et sœurs de l'enfant difficile – surtout s'ils partagent la même chambre –, les parents peuvent mettre à leur disposition un espace de rangement personnalisé comme un tiroir, un placard ou une armoire fermant à clef.

– **Prévoyez des conséquences lors de dommage causé aux affaires d'un frère ou d'une sœur.** Réparez-le en utilisant l'argent de poche du fautif ou exigez l'accomplissement de tâches supplémentaires à la maison, demandez à l'enfant d'écrire un mot d'excuses bien argumenté, etc.

– **Pour les enfants plus âgés ayant leur propre chambre,** installez un système leur permettant de bloquer leur porte s'ils le souhaitent (entrebâilleur).

– **Lors des sorties en famille, prévoyez une solution de rechange en cas de problème** afin d'éviter que toute la famille ne soit pénalisée par le comportement d'un seul enfant. Par exemple, un adulte décidera de rentrer à la maison avec l'enfant en crise, tandis que l'autre poursuivra l'activité avec ses frères et sœurs.

– **Soyez vigilant quant aux responsabilités confiées aux frères et sœurs de l'enfant difficile,** et ne leur en demandez pas trop. Si vous le pouvez, faites-vous aider par une tierce personne lorsque toute la famille a besoin de repos (par exemple, embauchez temporairement une aide ménagère, ou demandez à un proche de venir vous épauler une semaine ou deux).

À L'EXTÉRIEUR

L'environnement extérieur (magasin, parc, cinéma) est l'occasion pour certains enfants de donner libre cours à leur comportement difficile. **C'est comme s'ils tentaient de repousser encore davantage les limites du supportable en présence d'un public.**

Certaines méthodes permettent de mieux gérer les situations à problèmes, et peuvent être associées aux conseils donnés plus haut au sujet de l'approche proactive (voir p. 48).

DANS LES LIEUX PUBLICS

Les comportements difficiles sont souvent exacerbés en public du fait de l'impuissance des parents à intervenir efficacement et de l'importance donnée aux agissements de l'enfant dans ces situations.

Les lieux publics, surtout lorsqu'ils sont très fréquentés, sont l'occasion de nombreuses stimulations sensorielles (visuelles, auditives, olfactives, tactiles, gustatives). Même si l'enfant ne décide pas sciemment de vous mettre en difficulté dans un tel lieu, il se peut que l'excès de stimulations environnantes rende plus problématique sa maîtrise de lui-même. Les enfants hyperactifs ont ainsi bien du mal à différencier les stimuli utiles de distractions potentielles. **Vos consignes peuvent alors se perdre dans le brouhaha des autres signaux qui environnent l'enfant et qu'il risque de privilégier.**

Après avoir passé l'après-midi au jardin public avec d'autres enfants et leurs parents, la mère de ***Léa, 5 ans,*** décide de se rendre à la supérette. Léa est fatiguée et commence à se plaindre dès l'entrée dans le magasin. Sa mère espère qu'elle ne va pas se faire remarquer car il y a du monde à l'intérieur. Léa geint et réclame des bonbons. Sa mère répond qu'elles sont là pour faire des courses et lui demande de bien se tenir. Léa continue à réclamer, puis refuse d'avancer. Sa mère regarde autour d'elle pour observer les réactions des clients et décide qu'il est temps d'intervenir. Lorsque sa mère la saisit par le bras, Léa se met à hurler et à pleurer. À présent, tout le monde a les yeux tournés vers la fillette. Cette situation gênante renforce l'extrême mécontentement déjà ressenti par la mère. Afin de sortir de cette situation embarrassante, la mère de Léa cède en acceptant d'acheter des bonbons pour que sa fille se calme enfin.

Quelques principes de base

– **Mettez en place une certaine routine** et ne déviez pas de ce cap.
– **Fixez votre itinéraire** à l'avance et tenez-vous-y. Informez l'enfant de votre programme. Avant de sortir, dites-lui où vous allez. Par exemple : « *Nous allons acheter des chaussures à ton frère, ensuite nous passerons au pressing et après seulement nous rentrerons à la maison.* » Ainsi prévenu, votre enfant effectuera plus facilement la transition d'une activité à l'autre.
– **Anticipez.** Préparez un plan d'action en cas de conduite difficile en décidant à l'avance des mesures à prendre pour la combattre. Prévenez ainsi vos propres mouvements d'humeur ou des réactions trop brusques et peu adaptées.

1. Établissez une liste de règles de bonne conduite

Il est nécessaire que les enfants sachent ce que l'on attend d'eux, surtout en matière de comportement. Ne partez pas du principe que votre enfant va automatiquement savoir ou se rappeler ce qu'il doit faire. Avant d'entrer dans un magasin, un restaurant ou chez des amis, **récapitulez-lui les règles de bonne conduite.** Choisissez trois ou quatre comportements bien ciblés que vous exigez de votre enfant dans la situation à venir (rester près de vous, ne pas crier ou faire du bruit, ne pas interrompre la discussion des adultes…).

→ **Faites une liste des règles de bonne conduite à adopter à l'extérieur de la maison.** Affichez-la dans la voiture ou sortez-la pendant le trajet. Les consignes doivent être brèves et concises. Les enfants ont souvent tendance à les oublier lorsqu'ils sont distraits par quelque chose. **De fréquents rappels sont donc fort utiles** avant que ne se présente la situation-problème. Quand les problèmes surviennent, il est trop tard pour effectuer des rappels et l'enfant doit subir directement les conséquences de son comportement inadapté. Si au contraire l'enfant se comporte de la façon attendue, il peut être encouragé par la parole, par exemple en lui disant : « *C'est très bien, tu gardes bien tes mains sur le caddie, continue comme ça…* »

Lucille, 7 ans, accompagne sa mère au supermarché. Celle-ci a prévenu sa fille qu'elles iraient faire des courses, puis qu'elles se rendraient à la banque avant de rentrer à la maison. La mère de Chloé sort la liste des règles de bonne conduite dans un magasin et les relit à sa fille :

1. Garder en permanence une main sur le caddie.
2. Ne mettre dans le caddie que les articles demandés par maman.
3. Ne jamais courir dans le magasin.

2. Maintenez une motivation

Il est conseillé aux parents de proposer une récompense à l'enfant qui applique les règles de bonne conduite. Si vous utilisez le système des récompenses à la maison, vous pouvez intégrer la bonne conduite en public dans les objectifs à atteindre. Dans le cas contraire, vous pouvez récompenser l'enfant d'une petite surprise en passant à la caisse du magasin ou en le laissant écouter la musique de son choix dans la voiture en rentrant.

→ Gardez présent à l'esprit que, comme les réprimandes, les récompenses les plus efficaces sont celles qui sont immédiates et non négociables.

3. Sanctionnez le non-respect des règles

Après avoir précisé quels étaient les comportements attendus et la récompense les accompagnant le cas échéant, **il est nécessaire d'avertir l'enfant des sanctions qu'il encourt s'il ne respecte pas les règles.** Il est alors fondamental d'anticiper, en faisant appel à votre imagination lorsque l'enfant n'a pas bien réagi aux invectives habituelles.

Le temps de retour au calme est une manière efficace de sanctionner une conduite inappropriée, mais parfois difficilement applicable dans un lieu public. Y recourir suppose d'avoir pris les devants et imaginé un endroit où la mettre en pratique.

Il est également possible de ne pas prêter attention à l'enfant à ce moment-là. Cette « stratégie de l'ignorance surveillée » (voir *Ignorer les comportements inacceptables*, p. 54) s'applique avec quelques modifications à l'extérieur du domicile. L'intérêt direct du parent n'est alors pas dirigé vers l'enfant. L'adulte continue cependant à assurer une surveillance visuelle, c'est-à-dire en maintenant l'enfant dans son champ visuel, sans pour autant lui porter une attention manifeste.

Quand ***Lucille*** ne respecte pas les règles, sa mère commence par ignorer sa mauvaise conduite, puis l'emmène dans un endroit calme du magasin pendant quelques minutes jusqu'à ce que celle-ci soit capable de bien se tenir. Elle prévient de la sanction à laquelle la fillette s'expose si elle se montre désobéissante (exemple : « *Si tu continues de crier, tu perdras des gommettes donnant droit à une récompense.* » Le parent peut alors rendre son message plus efficace en présentant à l'enfant un support visuel avec les gommettes qui peuvent être retirées.)

Quelques principes de base

– **Ne renforcez ou ne récompensez pas involontairement une mauvaise conduite** en y attachant trop d'importance et en focalisant votre attention sur elle.

Prenez fermement votre enfant par la main ou le bras et conduisez-le vers un endroit calme du magasin, vers la sortie du métro ou un endroit peu fréquenté.

– **Commentez brièvement ce que vous faites,** en disant par exemple : « *Maintenant, nous allons remonter l'allée centrale vers le kiosque à journaux* » ou « *À la prochaine station, nous allons sortir du métro et nous asseoir un instant* », sans trop prêter d'intérêt à ce que fait l'enfant. Si nécessaire, encouragez l'enfant à utiliser un objet qu'il pourra manipuler afin de s'occuper, dévier son attention tout en se recentrant sur lui-même. L'objet peut être choisi par l'enfant : pâte à modeler, caillou ou petit galet, porte-clef, etc. Vous indiquez ainsi à l'enfant que vous maîtrisez la situation en agissant dans une direction que vous avez décidée et cela vous aide à garder votre calme.

Dans un magasin

Si cela s'avère nécessaire, **pratiquez un temps de retour au calme dans un endroit neutre du magasin,** c'est-à-dire calme et qui n'offre aucune distraction possible. Vous pouvez aussi emmener l'enfant à l'extérieur ou dans la voiture et continuer vos courses une fois qu'il est apaisé. **Essayez également l'« ignorance surveillée »** afin d'éviter de récompenser de votre attention le comportement difficile de l'enfant. Pensez aussi à l'occuper physiquement en lui proposant des activités qui lui évitent de se disperser ou de toucher à tout : demandez-lui de pousser doucement le caddie, de porter un sac ou de mettre les achats dans le panier.

→ **Si l'enfant a été difficile,** évitez de céder en lui offrant un petit cadeau à la sortie du magasin, même s'il est très insistant et risque de se mettre en colère à la caisse : vous récompenseriez un comportement problématique et augmenteriez la probabilité qu'il se renouvelle.

Dans les transports publics (métro ou bus)

Les problèmes de comportement dans les transports publics peuvent constituer une réelle source de stress pour les parents. Si vous n'obtenez pas de résultat en ignorant votre enfant ou en essayant de détourner son attention vers quelque chose, descendez à une station et trouvez un endroit neutre, ne présentant pas d'intérêt particulier pour l'enfant. Asseyez-vous avec lui jusqu'à ce que vous soyez tous les deux prêts à remonter dans le métro ou le bus. Ce moment de « temps calme accompagné » doit être suffisamment dissuasif pour l'enfant pour qu'il soit perçu comme négatif pour lui et non pour le parent. Dans cet exemple, l'enfant doit comprendre que le parent ne lui cède pas en descendant de la rame mais que c'est lui qui aura à supporter un temps supplémentaire de trajet.

Au restaurant

Commencez par évaluer le temps que vous passerez à table. Il ne faut pas demander l'impossible en exigeant d'un enfant qu'il reste assis pendant toute la durée d'un repas qui se prolonge. S'il a du mal à faire son choix dans le menu, vous pouvez l'aider tout en le laissant prendre la décision finale. Déterminez l'endroit où il s'assied de façon à gêner le moins possible les autres convives et à lui ménager un espace de mouvement suffisant — lui laissant la possibilité de balancer les jambes, voire de se lever.

En cas d'attitude extrêmement gênante, vous pouvez pratiquer un temps de retour au calme dans un endroit neutre ou sortir du restaurant jusqu'à ce que ce comportement soit maîtrisé.

Dans les situations où il est impossible de recourir à l'ignorance ou à l'isolement, certains parents emportent avec eux un cahier destiné à montrer à l'enfant qu'ils prennent note des règles qui n'ont pas été respectées et que l'enfant doit s'attendre à des sanctions. Si par exemple, le parent n'est pas en mesure d'appliquer la sanction immédiatement (situation en public), il agira en notant dans le cahier la sanction éventuelle, en présence de l'enfant et appliquera la sanction dès le retour à la maison. Cette attitude a pour avantage de permettre au parent de garder le contrôle de la situation.

Si vous utilisez le temps de retour au calme dans un lieu public, souvenez-vous que cette période ne doit pas nécessairement durer très longtemps et qu'il est moins aisé de pratiquer cette méthode dans un lieu public qu'à la maison. Le but est que parent et enfant retrouvent leur sang-froid.

4. Répétez les règles

Juste avant de sortir de chez vous ou d'entrer dans un lieu public, rappelez à votre enfant les règles à respecter et faites-les lui répéter. Si vous pensez que sa mauvaise conduite en public est destinée à attirer votre attention ou à provoquer une réaction de votre part, montrez-lui que c'est à lui de décider s'il veut assumer les conséquences d'un comportement négatif.

Avant d'entrer dans le magasin, la mère de ***Lucille*** lui a rappelé les règles de bonne conduite au supermarché et lui a demandé de les répéter. Chloé a aussitôt essayé de négocier en lui demandant si elle pourrait avoir des bonbons si elle était sage. Sa mère lui a répété les règles une deuxième fois en lui précisant qu'elle avait le choix entre les respecter et être félicitée ou ne pas les respecter et en subir les conséquences désagréables. **Dans un cas comme dans l'autre, *Lucille* est responsable du résultat.** Dans ce cas, la règle édictée est claire dès le départ et le parent ne doit pas se laisser entraîner à discuter une nouvelle condition qui serait posée par l'enfant. Cette attitude conforte la règle initiale et la rend non négociable.

5. Adoptez un comportement approprié

Lorsque votre enfant se fait remarquer en public, que ce soit intentionnellement ou en réaction à une situation particulière, votre mécontentement est exacerbé par le fait que vous devez gronder votre enfant sous le regard des autres. Mettre à exécution les sanctions annoncées est un défi extrêmement difficile pour tout parent quand cela doit être fait sous l'œil de tiers. Tâchez d'anticiper les comportements possibles de votre enfant et soyez aussi résolu que possible dans l'application de vos plans. Ensuite, choisissez des stratégies et des sanctions que vous pourrez appliquer facilement quelle que soit la situation. Utilisez ces stratégies régulièrement et faites toujours ce que vous avez annoncé. **Gardez du recul par rapport à la situation et tentez de la gérer au mieux sans vous culpabiliser.** Commencez par ignorer un comportement provocateur afin de le désamorcer.

LA VIE SOCIALE DE L'ENFANT DIFFICILE

« Je ne veux pas y aller parce que tout le monde me déteste ! »

« Toutes les filles de la classe ont été invitées à cette fête d'anniversaire sauf moi ! »

« Personne ne veut jouer avec moi. »

« Suzanne a dit que sa maman ne voulait plus que je revienne chez eux. »

Entendre ce type de phrase dans la bouche de son enfant est un réel déchirement pour un parent, sachant l'impact qu'elles peuvent avoir pour son amour-propre.

Les enfants ayant des problèmes de comportement ont plus souvent que les autres des difficultés à établir des relations sociales. Si l'enfant est impulsif et hyperactif, les autres enfants risquent de se détourner de lui, surtout si son comportement l'empêche de respecter les règles d'un jeu. Chez les enfants impulsifs, le seuil de mécontentement (et de colère) est plus vite atteint que chez les autres, ce qui déconcerte l'entourage. **Certains**

enfants ont aussi plus de difficultés à décrypter les codes sociaux, et donc à interpréter et à répondre de façon appropriée aux modes verbaux et non verbaux de communication. Si vous parlez à un ami et vous apercevez qu'il a les larmes aux yeux, vous allez probablement vous interrompre pour lui demander ce qui ne va pas. Si votre enfant ne prête pas attention aux émotions des autres, s'il pose des questions de façon brusque et inappropriée ou empiète sur leur espace personnel, les autres enfants le jugeront sans doute envahissant ou importun. Ce ne sont pas de bonnes composantes pour réussir dans ses relations sociales.

Il n'est cependant pas impossible de venir en aide à un enfant éprouvant ce type de difficultés.

Aidez votre enfant à développer ses compétences sociales

Il arrive que les problèmes relationnels, masqués par les conflits familiaux liés à la mauvaise conduite de l'enfant à la maison et à l'école, ne soient pas pris en compte à leur juste mesure. Cela ne signifie pas pour autant que la qualité des relations avec les autres enfants ait moins d'importance. Pourquoi alors ce type de problèmes passe-t-il parfois au second plan ? Selon certains spécialistes, c'est parce qu'il est plus difficile de quantifier la « réussite sociale » . à l'école, les enfants ont des carnets de notes permettant d'évaluer et de classer leurs compétences scolaires et leurs points faibles, leur sens de l'effort et leur comportement en classe. Mais votre enfant ne rentre pas chez vous avec un carnet de notes évaluant ses capacités à se faire et à garder des amis, à être invité à participer aux jeux ou à partager un jouet avec un camarade. **L'aisance relationnelle est pourtant une « matière » qui s'apprend tout comme les mathématiques et la grammaire.** Certains enfants manient les chiffres avec une grande aisance, tandis que d'autres ont besoin d'un soutien. De la même manière, certains enfants sont plus doués que d'autres pour se faire des amis. Il est évidemment plus difficile de modifier un trait de caractère que d'améliorer par le travail des capacités scolaires. **L'acquisition des compétences relationnelles est un domaine complexe qui fait appel à des mécanismes inconscients et non à un apprentissage formel.** Il est toutefois possible d'y travailler.

Paula, 8 ans, a traversé une période difficile à l'école au cours des deux dernières années. Elle a du mal à se concentrer, ne finit pas les exercices qui lui sont proposés en classe, bavarde au lieu d'écouter et de répondre correctement aux questions posées. À la maison, elle rencontre également des difficultés : elle perd toutes ses affaires, désobéit et se sent très vite énervée. De plus, ***Paula*** a toujours eu des difficultés à se faire des amis. Inviter une camarade ou jouer avec d'autres enfants lui pose un réel problème. Cette simple idée la rend généralement anxieuse, elle fond en larmes et se plaint de ne pas avoir d'amis, que les autres enfants la détestent. Sa seule compagne est une petite fille de deux ans sa cadette qui habite dans son immeuble. La maîtresse a confirmé que Paula avait en effet des problèmes dans ses relations avec les enfants de son âge et qu'elle semblait rencontrer de réelles difficultés dans la communication avec les autres, tant au plan verbal que comportemental. Ainsi, ***Paula*** a voulu parler à une élève dans la cour de récréation et l'a tirée par la manche pour lui imposer de venir jouer avec elle. La fillette a retiré son bras sous l'effet de la surprise, mais Paula a insisté en continuant à tirer sa camarade qui se débattait, jusqu'à ce que la maîtresse les sépare. De plus, Paula étant impulsive et se mettant facilement en colère, les autres enfants ne se sentent pas en confiance avec elle et redoutent ses réactions. Les parents de Paula ont apprécié l'analyse de la maîtresse mais ils n'ont pas pour autant trouvé une façon d'aider leur fille.

1. Observez son comportement

Avant de mettre au point un « plan pratique » pour aider votre enfant, commencez par **trouver des occasions d'observer son comportement** avec les personnes qu'il rencontre, enfants comme adultes. Examinez aussi la manière dont les autres réagissent en sa présence. Dans quels domaines rencontre-t-il des problèmes ? A-t-il plus tendance à parler qu'à écouter ? Se montre-t-il agressif ? Comprend-il les codes ou les messages verbaux ou non verbaux (mimiques, gestes) qui lui sont adressés ?

Ainsi parviendrez-vous à déterminer un certain nombre de comportements types qui se reproduisent de façon systématique. Vous remarquerez que votre enfant est peu enclin à attendre son tour, qu'il parle trop ou qu'il pose des questions inappropriées ou de manière incongrue.

2. Faites-lui part de vos observations

Après avoir identifié les points faibles dans le comportement de votre enfant, abordez ce sujet avec lui. Choisissez éventuellement un moment où il est aux prises avec un problème relationnel précis. Proposez-lui de l'aider à s'entraîner afin qu'il améliore son aptitude à se faire des amis.

3. Définissez plusieurs « compétences » sur lesquelles travailler

À partir de vos observations, mettez-vous d'accord avec votre enfant sur trois ou quatre compétences à améliorer en priorité. Il pourra s'agir de partager ses jouets, d'attendre son tour, de ne pas être aussi autoritaire ou de parler plus doucement. En vous concentrant sur un nombre limité de compétences, vous pourrez vous y consacrer pleinement, tout en laissant provisoirement les autres de côté. En adoptant cette approche, vous créez une atmosphère propice à l'apprentissage et non plus aux plaintes continuelles. Réservez un moment chaque jour ou chaque semaine à vos séances d'« entraînement en compétences sociales ». Vous pouvez le pousser à inviter un ami pour jouer à la maison, présenter un ami à quelqu'un, préparer une fête d'anniversaire, participer à un jeu collectif, prendre une responsabilité dans un groupe (délégué de classe)…

4. Apprenez à votre enfant à consolider ses compétences

♦ Jeux de rôles

C'est une façon ludique et facile de mettre en relief les comportements problématiques que vous avez repérés. Expliquez comment la compétence visée doit être employée. Par exemple, indiquer à l'enfant comment il peut faire un compliment à un ami (*« Tu joues bien au foot »*) ou comment refuser de participer à une action de groupe qui lui déplaît (*« Je ne souhaite pas embêter ce camarade avec vous »*). Jouez ensuite vous-même le rôle d'un enfant qui utilise cette compétence. Après votre démonstration, demandez à l'enfant de s'exercer avec vous. Attribuez-vous le rôle d'un camarade désirant jouer avec lui ou le menaçant s'il ne suit pas ses instructions. Il sera alors utile d'exercer l'enfant sur des répliques qui lui permettent de trouver une repartie ou de ne pas perdre la face. Par exemple : *« J'aimerais jouer avec toi à ce jeu que je connais bien »*, *« Je n'embête pas ce camarade car il ne m'a rien fait et je ne suis pas d'accord avec vous »*.

→ Lorsque vous organisez une séance d'entraînement avec votre enfant, **faites appel à des modèles,** proposez-lui les exemples d'autres enfants qu'il connaît et qui vous semblent doués pour les relations sociales. Faites éventuellement appel à des personnages connus de cinéma ou de télévision. Incitez votre enfant à essayer ces comportements la prochaine fois qu'il jouera avec un camarade. Mais ne comparez pas l'enfant à ses frères et sœurs.

♦ Courbe de progression

Mettez en place une courbe de progression avec des gommettes ou un système de récompenses permettant de cibler les compétences que vous avez sélectionnées. Chaque fois que votre enfant aura l'occasion de mettre en pratique les compétences acquises, pensez à en discuter avec lui en lui rappelant leur mode d'utilisation.

Cette progression peut être visualisée sous forme d'un tableau listant un certain nombre de comportements en fonction de leur niveau de complexité.

Par exemple un enfant peut être capable de rester l'après-midi chez un nouvel ami, mais pas encore prêt à dormir chez lui…

♦ Jeux avec d'autres enfants

Encouragez votre enfant à inviter des camarades à la maison. Au départ, veillez à l'aider à organiser le temps de jeu et à proposer des activités attrayantes à ses camarades. Prévoyez des occupations qui vous permettent d'y assister ou de les surveiller, par exemple louer un DVD puis organiser un goûter ou bien participer à un jeu de société. Pour les enfants très actifs, préférez des activités physiques de ballon ou de vélo si cela est possible. Restez attentif : s'il vous semble que les choses commencent à mal tourner, interrompez le jeu et proposez une pause goûter ou une activité différente.

Votre enfant n'ira peut-être pas d'emblée vers des enfants parfaitement sociabilisés. Il lui sera sans doute plus aisé de s'adresser à des enfants plus isolés du fait de compétences sociales limitées. Encouragez malgré tout ce type de relations, en évitant toutefois les enfants à problèmes ou susceptibles de manipuler ou d'entraîner votre enfant dans des comportements agressifs ou inadaptés.

Le plus souvent les enfants souffrant d'isolement ont tendance à se reconnaître spontanément et à s'unir pour faire face à la difficulté ou aux sarcasmes dont ils peuvent faire l'objet de la part des autres.

Lorsque votre enfant progresse dans ses compétences sociales, maintenez vos félicitations et vos encouragements. Il lui faudra peut-être un peu de temps pour oublier ses expériences douloureuses avec les autres et modifier son comportement relationnel en conséquence.

Choisissez ensemble des activités extrascolaires

Les activités extrascolaires sont tout à fait indiquées pour les enfants ayant des problèmes de comportement, à condition qu'elles n'entraînent pas de nouvelles difficultés. L'enfant qui les pratique doit y trouver amusement, détente et plaisir. Il n'est pas là question de performance ou de réussite. Le seul succès doit être mesuré par l'intégration de l'enfant dans ce cadre. Rappelez-vous qu'il est plus important de s'amuser que d'exceller !

Les critères de choix d'une activité

1. Un cadre adéquat.

Choisissez une petite structure bien encadrée. Les activités surveillées par des adultes compétents et pratiquées en groupe restreint permettent de limiter les risques de dérapage comportemental. Les enfants impulsifs ont plus de difficultés que les autres à s'intégrer dans des organisations plus vastes.

2. Évitez les activités trop statiques.

Pour les enfants qui connaissent des problèmes de concentration, **écartez les activités nécessitant de longues périodes d'attente, qui se pratiquent en position assise ou font appel à des règles complexes de mémorisation.** Ainsi, être gardien de but ne convient probablement pas à un enfant très inattentif ou très actif et ne supportant pas l'attente.

3. Activités et sports de compétition.

Si votre enfant est très vite énervé, les activités de compétition sont déconseillées. Les émotions intenses qui les accompagnent peuvent être excessives, et risquent de déclencher frustration et colère – à moins que votre enfant ne présente de réelles aptitudes dans un domaine particulier qui compenseraient ces risques.

4. Activités demandant beaucoup d'énergie.

Certains enfants hyperactifs apprécient les sports très intenses tels que le football, les sports de glisse, les sports de combat ou l'escalade. **Ces activités ne dispensent pas l'enfant d'un apprentissage exigeant ni de se conformer aux règles individuelles ou du groupe.** La dynamique de l'équipe peut même se montrer bénéfique, le comportement positif de certains enfants pouvant servir de modèle à l'enfant en difficulté.

Les activités conseillées

Certaines activités sont recommandées pour leurs effets bénéfiques et divertissants chez les enfants qui présentent toutes sortes de comportements difficiles.

♦ Arts martiaux (karaté, judo)

C'est le type de sport qui semble le plus approprié pour toutes les catégories d'enfants difficiles. Les arts martiaux transmettent de nombreuses valeurs importantes telles que l'organisation, la patience, la maîtrise de soi, l'écoute et le respect de l'autre. Ils apprennent à l'enfant à contrôler ses réactions. Ils s'adressent aux filles et aux garçons de tous âges. Les enfants travaillent souvent en groupe, mais chacun est responsable, individuellement, de ses propres performances.

♦ Équitation

Les bienfaits thérapeutiques des contacts avec les animaux – en particulier les poneys ou les chevaux – sont bien démontrés. L'équitation associe la pratique sportive et des qualités morales telles que la responsabilité, l'empathie et la maîtrise de soi. Elle offre de nombreuses occasions de se distraire : promenades, parcours d'obstacles, activités ludiques à poney. L'entretien d'un animal peut aussi être proposé de façon à responsabiliser l'enfant en le faisant participer à la nourriture, au pansage et au bien-être de l'animal.

♦ Natation

L'eau est un milieu apaisant et particulièrement adapté aux enfants hyperactifs. Ils peuvent y jouer, s'y défouler, mais aussi apprendre à pratiquer différentes nages ou à plonger, ce qui mobilise leurs compétences psychomotrices. Mais ils doivent être surveillés attentivement par les maîtres nageurs afin d'éviter les accidents, aussi n'hésitez pas à les solliciter. La natation se pratique très tôt et à tout âge.

♦ Vélo et rollers

La pratique des rollers ou du skate peut être conseillée sous contrôle des adultes. Des espaces réservés à cette pratique (skate parcs) sont de plus en plus fréquemment mis à la disposition des enfants. Ils offrent des conditions de sécurité optimales et permettent la pratique de cette activité ludique qui permet souvent aux enfants de s'intégrer à un groupe.

Le vélo est une activité que la plupart des enfants apprécient et dans laquelle ils trouvent une occasion de dépenser leur énergie et de revendiquer une forme d'indépendance vis-à-vis des parents. S'il est vrai que les enfants impulsifs ou distraits ont parfois une conduite à risques, s'amuser à vélo avec un ami est une occasion de nouer plus aisément des relations sociales. Cette activité n'impose aucune règle stricte (en dehors des consignes de sécurité) ni communication directe. Le vélo permet les sorties avec les amis mais aussi avec la famille…

♦ Sports d'équipe

Les sports d'équipe font appel à des qualités de stratégie, d'organisation, et de respect des règles, des coéquipiers et des adversaires. Toutes ces qualités sont parfois difficiles à réunir, même chez les professionnels de haut niveau. **Le sport d'équipe peut être l'occasion d'apprendre à l'enfant des compétences dont il aura certainement besoin dans sa vie d'adulte,** et notamment le sociabiliser. Si son comportement l'amène néanmoins à être rejeté, peut-être vaut-il mieux envisager un autre sport ou une activité individuels avant de revenir ultérieurement vers ce sport collectif.

♦ Scoutisme

La pratique du scoutisme présente l'avantage de proposer à l'enfant des activités en petits groupes, encadrées par des responsables généralement plus âgés de quelques années. Elle maintient donc une hiérarchie mais gomme l'aspect souvent trop formel de la relation parent-enfant. **Elle permet également de responsabiliser l'enfant,** lui offre la possibilité de donner à son tour des directives à ses camarades et aiguise ses facultés de discernement. Certains enfants lui trouveront cependant un aspect contraignant et trop scolaire.

♦ Ateliers de cuisine

La cuisine n'est sans doute pas la première activité qui vous vient à l'esprit pour occuper votre enfant, mais elle est originale et satisfait son côté créatif tout en nécessitant une certaine organisation et des règles à suivre. Elle lui procure en outre une grande satisfaction sensorielle en mobilisant ses cinq sens et l'encourage à maintenir sa concentration. De plus, l'enfant tire souvent une grande fierté du produit fini et est heureux de le partager avec sa famille ou ses amis. **Le cours de cuisine peut être pratiqué de façon individuelle ou en petit groupe afin de canaliser au mieux les comportements perturbateurs** qui pourraient se faire jour. Il est nécessaire d'éviter de confier des objets potentiellement tranchants ou dangereux aux enfants, le mieux étant d'avoir préparé les ingrédients de telle sorte que ces objets n'auront pas à être utilisés en présence de l'enfant.

♦ Activités artistiques

Il existe d'innombrables activités créatives et artistiques proposées aux plus jeunes : musique, peinture, poterie, pâte à modeler, dessin, maquettisme, etc. Ce sont là des occasions pour l'enfant de s'exprimer en toute liberté. Les travaux ainsi réalisés sont souvent exposés, et cela contribue à améliorer son estime de soi. Ceux qui ont besoin d'instructions claires préfèrent sans doute le maquettisme à la sculpture. D'autres au contraire recherchent la liberté que procure le fait de dessiner ou de peindre ce qui leur plaît.

N'hésitez pas à faire essayer à votre enfant de multiples activités, afin de repérer ses préférences. Par la suite, tentez de maintenir l'enfant sur une de ses activités préférées de façon à ce qu'il ne s'éparpille pas trop, au risque de se lasser et de ne plus percevoir sa progression.

→ De fait, les enfants difficiles changent souvent de centres d'intérêt et peuvent passer en quelques semaines d'un enthousiasme forcené à une totale indifférence. Par ailleurs, ces enfants sont plus que les autres exposés au sentiment de frustration et risquent davantage d'être rejetés par les membres du groupe. Ils ont en effet un seuil de tolérance à la difficulté et à l'attente probablement plus bas que celui des autres enfants qui peut se traduire par de l'agacement ou de l'énervement, difficilement tolérable au sein du groupe.

Gardez donc à l'esprit que, même très motivé, votre enfant souhaitera peut-être changer d'activité après quelques semaines de pratique. **Conseillez-lui cependant la constance et ne l'encouragez pas à zapper constamment** d'un sport à l'autre ou d'une activité artistique à son contraire sans jamais atteindre un niveau satisfaisant pour lui.

NOS CONSEILS AUX PARENTS

1. De la routine avant toute chose

S'il y a un mot à retenir, c'est bien celui de routine, aussi déplaisant et ennuyeux puisse-t-il paraître. **La routine est indispensable pour créer de bons réflexes et permettre de donner un cadre éducatif efficace à votre enfant.**

Imaginez-vous conduire un véhicule sur la route : votre comportement au volant est guidé par des signaux et des lignes blanches qui ont déterminé chez vous des réflexes immuables vous permettant de suivre la bonne trajectoire. En créant des routines pour l'enfant et en les renforçant sans relâche, vous lui donnez un cadre et des limites externes qui l'aident également à améliorer son contrôle interne.

2. Soyez cohérent et constant

Cohérence et constance sont deux mots clefs que vous devez garder à l'esprit. Le fait de modifier en permanence votre comportement, votre attitude et vos exigences rend la tâche de l'enfant beaucoup plus compliquée. Pour s'ajuster au plan émotionnel et comportemental, il a besoin de sécurité dans le cadre éducatif que vous lui proposez. Avant d'agir, posez-vous la question : suis-je cohérent dans ma demande et en accord avec moi-même ? Quiconque est en colère, énervé ou pressé par le temps aura bien du mal à ne pas déroger à ses propres principes. Si vous vous montrez constant, tant dans l'application des récompenses que dans celle des punitions, l'enfant ajustera son comportement de façon positive au fur et à mesure.

3. Fixez vos priorités

Certains parents ont le sentiment de passer le plus clair de leur temps à surveiller et corriger le comportement de leur enfant en imposant des sanctions et, de manière générale, à prendre sur eux pour ne pas exploser ou perdre leur sang-froid. Pourquoi ne pas commencer par imposer certains changements, en distinguant les règles de comportement non négociables de celles qui sont moins importantes ? Par exemple, est-il plus important que l'enfant dise « s'il te plaît » et « merci » ou qu'il reste tranquillement à table pendant 15 minutes ? **En faisant la part des choses entre les comportements que vous jugez essentiels et ceux sur lesquels vous êtes prêt à transiger pour le moment, vous réduisez de façon importante le nombre d'interactions négatives.**

4. Soyez clair et précis

Les enfants qui souffrent de déficit de l'attention ou de problèmes d'impulsivité ont de grandes difficultés à mémoriser une longue liste de tâches ou de consignes. Il arrive par exemple qu'ils oublient la tâche n° 2 avant même d'avoir achevé la n° 1. Proposez vos instructions une à une, ou donnez les consignes oralement en les accompagnant d'un support écrit (carnet, ardoise, feuille de papier). **Formulez vos directives, vos règles et vos attentes de façon claire et concise.** Évitez absolument les instructions sous forme de questionnement, qui laissent une échappatoire : « Et si tu allais au lit maintenant, d'accord ? » Les directives ne doivent pas donner lieu à une discussion. Formulez-les sans point d'interrogation.

5. Utilisez une approche multisensorielle

Adressez-vous aux différents sens de l'enfant sans vous contenter de donner des instructions simplement orales. Appuyez celles-ci de contacts physiques ou de stimuli visuels. Vous serez plus efficace en posant une main sur l'épaule ou sur le bras de l'enfant et en le regardant dans les yeux tout en lui parlant. Si vous ajoutez à cela un support écrit à vos instructions (voir ci-dessus), vous permettez à l'enfant de stocker l'information de différentes manières.

6. Anticipez les changements dans la routine

Le premier point de cette liste de conseils souligne l'importance de la routine. Il arrive malheureusement que des événements viennent la perturber. **Les changements de rythme peuvent se révéler extrêmement perturbateurs pour certains enfants.** Dans la mesure du possible, les parents devront s'efforcer de les y préparer dans les moments qui précèdent. Ainsi, des rappels fréquents du changement à venir aident l'enfant à se sentir moins désemparé. Lui donner un retour positif ou évoquer avec lui la manière dont il a réussi à gérer la transition l'encourage à aborder les variations futures de manière plus souple.

7. Soyez réaliste, modifiez vos attentes

Un déficit de l'attention ou tout autre problème de comportement reconnu par un médecin n'est pas une raison permettant de mal se comporter et excusant tous les débordements. Toutefois, **comprendre et accepter le fait que votre enfant agit et réagit souvent différemment de ses frères et sœurs, ou des autres enfants de son âge, vous aide à adapter vos attentes et à mieux percevoir ses réussites.** Par exemple, il est possible que vous soyez contraint de contrôler chaque jour le cartable de votre fils de 12 ans, alors que vous n'avez jamais eu à le faire pour son frère cadet. Ne portez pas de jugement de valeur et dites-vous simplement que cela fait partie de votre routine afin d'accepter les tâches supplémentaires nécessaires à l'éducation d'un enfant difficile.

8. Utilisez des récompenses et des sanctions immédiates

Ce point a été souligné à plusieurs reprises tout au long de cet ouvrage. **Même petites, les récompenses sont toujours plus efficaces si elles ne sont pas différées.** Promettre le lundi une récompense pour le week-end n'est pas du tout pertinent. De très nombreux problèmes seront intervenus d'ici là et n'auront pas manqué de remettre en question ladite gratification. L'enfant a besoin de savoir pourquoi vous le félicitez. Une récompense immédiate, comme un autocollant ou un jeton qui suit un bon comportement, lui permet de mieux associer la cause et sa conséquence. Vous pouvez ainsi donner de la valeur à vos récompenses par le moment que vous choisissez pour les appliquer et non seulement par la « valeur du cadeau ». Un simple autocollant ou jeton, attribué de façon immédiate, agit comme l'équivalent d'un bon point qui peut ouvrir des droits à une récompense plus « formalisée » et choisie préalablement avec l'enfant. Ceci s'applique aussi aux sanctions. Priver l'enfant de football le samedi suivant est nettement moins efficace que lui imposer un temps de retour au calme immédiat ou lui ôter un privilège pour le soir même. **En règle générale, évitez de marchander avec l'enfant vos récompenses et vos sanctions.** N'utilisez pas de formes de « chantage », en promettant de faire ceci si l'enfant ne fait pas cela, ou inversement. L'enfant risque de rapidement vous démontrer que vous ne tenez pas vos « promesses de sanctions » et vous, de ne plus savoir exactement ce que vous avez « promis ».

Mettez vos actes en accord avec vos paroles et agissez immédiatement.

9. Ignorez les provocations

Incontestablement, les enfants savent mettre leurs parents hors d'eux. Si certains comportements ou questions vous insupportent, il y a fort à parier que votre enfant le sait pertinemment et en abuse quand bon lui semble. **Il est donc sage de ne pas entrer sur ce terrain et d'éviter systématiquement la confrontation, qui risque de se terminer en conflit ouvert.** Certains enfants par exemple veulent toujours avoir le dernier mot, ou répondent par « oui, mais ». Ignorer est certainement la meilleure des réponses lorsque l'enfant vous aiguillonne de la sorte, cherchant à vous faire perdre le contrôle de vous-même.

10. Ayez des paroles positives

Il est des jours où trouver quelque chose de positif à dire à l'enfant n'est pas une simple affaire. Tout semble aller de travers, et prêter au conflit et à la dispute. Il vous faudra tout de même penser à une façon de complimenter votre enfant sur des actions même insignifiantes comme : *« Bravo, tu as bien lacé tes chaussures toi-même »* ou *« Bravo, tu n'as pas oublié ta trousse à l'école »*. **Gardez à l'esprit qu'il faut environ cinq messages positifs pour contrecarrer un commentaire négatif !** Les enfants difficiles étant bombardés toute la journée de remarques négatives, cela vous laisse apprécier l'importance qu'il y a à les valoriser dans leurs comportements positifs !

11. Soyez « proactif »

Plutôt que d'attendre qu'une situation se dégrade, anticipez de façon efficace. Efforcez-vous d'éviter les situations qui créent inévitablement des problèmes et sont sources de conflits. Lorsqu'un changement doit intervenir dans l'emploi du temps impliquant l'enfant, prévenez-le. Identifiez les signes précurseurs pouvant laisser prévoir une escalade de son comportement. Vous parviendrez alors à empêcher qu'un petit conflit ne prenne de l'ampleur en détournant l'attention de l'enfant ou en lui imposant un temps de retour au calme.

12. Soyez créatif

N'hésitez pas à inventer de nouvelles formes de récompenses (ou de sanctions) afin de maintenir l'enfant difficile en état de motivation. Les enfants hyperactifs, par exemple, aiment beaucoup passer d'une activité à l'autre. **Pour stimuler leur intérêt et leur intention de bien faire, agrémentez les routines de certaines variations.**

13. Préservez-vous

L'énergie utilisée à surveiller et à rappeler constamment à l'ordre un enfant difficile n'est pas sans conséquences pour les parents. L'épuisement, la fatigue, l'agacement retentissent forcément tôt ou tard sur vous-même, votre famille ou votre couple. **Il est important de pouvoir de temps en temps passer le relais à votre partenaire ou à un autre adulte et de consacrer un moment à vous occuper de vous, loin du stress de la maison.** Dites-vous que la pause que vous vous accordez est aussi bénéfique à votre enfant car elle vous permet de retrouver un peu de calme et de sérénité. Si vous allez mieux, votre enfant aussi ira mieux.

Conclusion

L'harmonie familiale permet à chacun, parent et enfant, de trouver son équilibre, de développer ou d'exprimer sa sensibilité, d'échanger de façon positive et d'épanouir sa personnalité. Ce but est à la portée de tous malgré les obstacles qui se dressent parfois sur la route. En effet, chaque enfant est à même de présenter, à un moment donné de son développement, un comportement difficile et susceptible de mettre en question le fonctionnement de toute une famille. L'objectif de ce livre est de donner aux parents aux prises avec une situation difficile, une conduite à tenir efficace et de proposer des attitudes constructives et cohérentes afin de désengager rapidement le conflit. En privilégiant le dialogue, en luttant contre les non-dits ou les incompréhensions, en veillant à ce que les consignes soient non seulement comprises mais appliquées, les parents devraient être en mesure de prévenir ou de trouver la réponse à bien des situations jugées difficiles. Les menaces, chantages et autres négociations non suivies d'effets, sont pourvoyeurs d'anxiété, de doute et d'instabilité au sein de la relation parent-enfant. L'exercice de l'autorité par le parent est une nécessité car l'enfant recherche spontanément des limites, un contenant qui a pour fonction de le rassurer et de l'aider à se structurer. L'autorité doit s'exercer dans la compréhension et le dialogue mais aussi dans la fermeté pour prendre tout son sens. L'autorité parentale est un service dû à l'enfant, elle n'est pas négociable. « Je dicte ta conduite parce que je suis ton père ou ta mère et je suis en mesure de décider ce que tu dois faire » doit suffire à ce que l'enfant obtempère.

S'affirmer en tant que parent est un préalable pour parvenir à établir une autorité que l'enfant sera en mesure d'accepter. Ce livre propose des solutions et donne un cadre éducatif et comportemental basé sur des situations concrètes et rationnelles afin d'aider les parents à trouver aisance et succès dans les situations difficiles.

Notre souhait est que ce livre vous prouve qu'il est possible d'établir l'harmonie et le bonheur dans ses relations familiales. N'hésitez pas à le consulter et gardez à l'esprit que pour chaque problème qui survient, il existe une solution concrète à appliquer.

Adresses utiles

Voici quelques adresses d'associations de parents qui pourront vous être utiles :

Enfants hyperactifs :

HyperSupers-TDAH France
37, rue des Paradis, 95 410 Groslay
Tél. 01 34 28 70 36
Site Internet : www.info@tdah-france.fr - www.tdah-france.fr

Enfants précoces :

Association Française pour les Enfants Précoces
(A.F.E.P.)
13 bis, rue Albert-Joly, 78 110 Le Vésinet
Tél. : 01 34 80 03 90
Site Internet : www.afep.asso.fr

Enfants avec des troubles d'apprentissage :

A.P.E.DYS France
88, rue Charles le Bon, 59 650 Villeneuve D'Asque
Tél. 08 20 20 75 07
Site Internet : www.apedys.fr

A.P.E.D.A. France
3 bis, avenue des Solitaires, 78 320 Le Mesnil-Saint-Denis
Tél. 01 34 61 96 43
Site Internet : www.apeda.ifrance.com

Avenir Dysphasie
151, avenue Henri Barbusse, 93 140 Bondy
Tél. 01 48 50 70 63
Site Internet : www.aad.parisregionest@wanadoo.fr

Fédération française des troubles spécifiques du Langage et des Apprentissages (F.L.A.)
43, avenue de Saxe, 75007 Paris
Tél. 01 47 83 94 88
Site Internet : www.federationfla@aol.com

Table des matières

ISBN : 978-2-263-03903-4
Code éditeur : S03903/03
Dépôt légal : janvier 2006
Imprimé en France chez Laballery, Clamecy
N° d'impression : 911125
Suite du premier tirage

Responsable éditoriale : Laurence Passerieux
Assistante éditoriale : Coralie Moutat
Collaboration éditoriale : Anouk Deiller

Les textes de Deanna Canonge ont été traduits
par Catherine Bodin-Godi et Tina Calogirou.

Photocomposition : Nord Compo